イライラと賢くつきあい活気ある職場をつくる

介護リーダーのための

アンガーマネジメント

活用法 増補版

田辺有理子 著

第一法規

はじめに

　介護は人にかかわる仕事ですから、スタッフが心身ともに健康でいられるように、いきいきと働ける活気ある職場づくりが求められます。

　介護リーダーに求められる役割は多岐にわたり、また職場の理念や方針、個々の考え方もいろいろだと思います。ここでは、活気ある職場づくりのために、みなさんが働くチームに注目してみたいと思います。

　スタッフがいつでも相談でき、安心して働けるためには、リーダーが感情的に安定していることが重要です。しかし、職場の規律やスタッフの勤務にかかわる指導、スタッフ同士の人間関係の調整、介護実践における接遇や倫理等において、感情が揺さぶられたり精神的に疲弊したりと、リーダー自身のメンタルヘルスを保つことは容易ではありません。

　本書は、介護リーダーの感情に焦点をあてて、怒りやイライラ、不安など、仕事のなかで生じる、扱いにくい感情と賢くつきあっていくためのヒントとして、アンガーマネジメントを紹介します。

　アンガーは「怒り」という意味で、アンガーマネジメントは、怒りの感情と上手につきあうためのトレーニングです。カッとなった勢いで、スタッフに対して感情的に声を荒らげてしまい、あとから言い過ぎたと悔んだり、上司からの指示を断れずに引き受けて、やっぱり納得できないと不満がわいたり、感情を上手にコントロールできないと、心身ともに疲弊していきます。

　職場の人間関係や介護実践の場面を通して、怒ったり不安になったり、なんとなくモヤモヤするような介護リーダーの悩みを紐解き、スタッフ間の多様な価値観を認めるための思考の転換、そしてコミュニケーションのヒントを紹介します。

第1章では、介護の現場を取り巻く課題と、アンガーマネジメントの基礎知識として怒りの性質や怒りの正体を知るとともに、賢く怒るための準備をします。介護リーダーのみなさんによくある、怒りにまつわる課題を紹介します。

　第2章では、職場の人間関係、仕事の基本・ルール、介護実践といった、実際の仕事にまつわる介護リーダーの悩み事について、アンガーマネジメントを活用した解決のヒントを紹介します。

　そして第3章では、介護チームを活性化するために、リーダーに求められるメンタルヘルスの管理や、チームとしての話し合い、リーダーとしての目標管理について考えていきます。

　増補版では、法制度の改正を踏まえて情報を更新し、介護職が抱えやすい課題について、特に深刻化するカスタマーハラスメントへの対応など精神的負担が増す介護現場の話題を追加しました。

　登場する介護リーダーたちが話し合いを重ねるなかで、多様な考え方を認め合い、リーダーとしての介護観を探る過程を読みながら、一緒に考えていただければと思います。

　いつもあたたかくサポートしてくださる一般社団法人日本アンガーマネジメント協会代表理事の安藤俊介さんをはじめ理事、広報、事務局のみなさん、私を元気にしてくれるファシリテーターのみなさん、ありがとうございます。なお、本書の企画は介護リーダーにアンガーマネジメントを紹介したいという第一法規株式会社編集第六部の大木島幸さんの熱い思いによって実現しました。

　本書を手にとってくださったみなさん、ありがとうございます。みなさんが職場でいきいきと働き、活気あふれるチームをつくっていくために、本書の事例をご活用いただければ幸いです。

2023年8月

田辺有理子

登場人物と事例の舞台

東山さん
（女性：50代）
キャリア12年目

西川さん
（男性：40代）
キャリア8年目

南野さん
（女性：30代）
キャリア7年目

北原さん
（男性：30代）
キャリア6年目

木村さん
（女性：60代）
介護職を長年務め
定年後は非常勤で勤務

事例の舞台

ここは、ある介護サービス事業所です。

東山さん、西川さん、南野さん、北原さんは、それぞれチームをまとめる介護リーダーです。利用者によりよいサービスを提供できるよう、日々奮闘していますが、スタッフの人間関係や利用者へのサービス提供で、日々なにかと"イライラ"に見舞われがち。怒りの頻度が高い東山さん、カッとなったら言わずにはいられない西川さん、不安やイライラを持続する南野さん、怒りにより攻撃する北原さん、と4者それぞれに課題を抱えています。

この施設には、現場のよろず相談に対応する「相談室」があり、スタッフのメンター的な役割を担っています。ここで相談役になっているのは、長く介護職を務め、定年後は非常勤で勤務している木村さんです。

聞き上手でどの年代のスタッフからも慕われる木村さんは、聞き上手なだけでなく、アンガーマネジメントの心得があり、それがスタッフたちの悩み解決の糸口になっているようです。

今日も、怒りと悩みを抱えるリーダーたちの気持ちを受け止め、適切な対処法を伝授してくれます。

目 次

● はじめに

● 登場人物と事例の舞台

第1章　介護の職場で活かすアンガーマネジメント

1 介護の職場を取り巻く課題と介護リーダー ……………………… 13

　（1）介護職の人材不足 ……14

　（2）高齢者虐待の増加 ……15

　（3）スタッフのメンタルヘルス支援 ……16

　（4）ワーク・ライフ・バランス ……17

　（5）いじめやハラスメントの防止 ……18

　（6）カスタマーハラスメントへの対応 ……19

2 アンガーマネジメントとは ………………………………………… 20

3 怒りとはなにか ……………………………………………………… 22

　（1）身近な対象ほど強くなりやすい ……24

　（2）上から下へ流れる ……24

　（3）伝染しやすい ……25

4 怒りの正体はなにか ………………………………………………… 26

　（1）価値観は十人十色 ……27

　（2）程度と優先順位が異なる ……28

　（3）組織や時間経過で変化する ……29

5 賢く怒るために ………………………………………………………… 30

(1) 許容範囲を広げる …… 31

(2) 怒るか怒らないかを決める …… 32

(3) 賢く怒る …… 33

6 よくあるイライラや不安の例：怒りの相談室 ………………………… 35

よくある例で考える ①ずっと怒っている人

● 朝から晩まで怒ってばかり …… 36

解説 …… 38

(1) 怒りをメモする …… 39

(2) 怒りに点数をつける …… 40

(3) 小さな怒りは受け流す …… 41

よくある例で考える ②カッとなってすぐ怒ってしまう人

● カッとなったら抑えられない …… 42

解説 …… 44

(1) 手のひらに書く …… 45

(2) 数をかぞえる …… 46

(3) 一度その場を離れる …… 47

よくある例で考える ③自信がなく不安やイライラが続く人

● リーダーを続ける自信がない …… 48

解説 …… 52

(1) 目の前の物に集中する …… 53

(2) 自分で自分を励ます …… 54

(3) 嫌な出来事はリセットする …… 55

よくある例で考える ④自分は悪くないと憤っている人

● 指導しただけなのにパワハラ？？ ⋯⋯ 56

　解説 ⋯⋯ 59

　　（1）思考を一時停止する ⋯⋯ 60

　　（2）自分と相手の価値観を両方みてみる ⋯⋯ 61

　　（3）一日怒らない自分を演じる ⋯⋯ 62

　まとめ ⋯⋯ 63

第2章　事例で学ぶアンガーマネジメントの活用法

■ 職場の人間関係

● 不機嫌な人がいると職場の雰囲気が悪くなる ⋯⋯ 68

　解決の糸口：感情は伝染する ⋯⋯ 70

　■ 自らチームのムードメーカーになろう ⋯⋯ 71

● スタッフ間の意見対立や厳しい後輩指導にヒヤヒヤ ⋯⋯ 72

　解決の糸口：怒りの背後のストレスに対処する ⋯⋯ 74

　■ 溜まった感情を解消しよう ⋯⋯ 75

● リーダーに対するスタッフの風当たりが強い ⋯⋯ 76

　解決の糸口：身近な人を攻撃しやすいことを認識する ⋯⋯ 78

　■ 理想的なリーダー像の役を演じてみよう ⋯⋯ 79

● 逆ギレするスタッフへの対応がむずかしい ⋯⋯ 80

　解決の糸口：怒りは防衛の反応である ⋯⋯ 82

　■ 相手の逃げ道を残しておこう ⋯⋯ 83

● イライラしがちなスタッフへの対応がむずかしい …… 84

　解決の糸口：背後に別の問題が潜んでいる可能性 …… 86

　　■相手を理解しようとする姿勢 …… 87

● 多様な人材と共に働く・常識が通じない …… 88

　解決の糸口：「当たり前」を見直す …… 90

　　■自分の「常識」を見直そう …… 91

まとめ ── 職場の人間関係 …… 92

2 仕事の基本・ルール

● SNSは便利だけど利用法が気になる …… 94

　解決の糸口：規範と柔軟さのバランスをとる …… 98

　　■新しいことにチャレンジしよう …… 99

● ムダを減らして経済効率を上げたい …… 100

　解決の糸口：人それぞれに気になるポイントが異なる …… 104

　　■イライラするパターンを崩そう …… 105

● 残業や有給休暇を平等にできない …… 106

　解決の糸口：働き方は多様化している …… 110

　　■先回りして対処しよう …… 111

● 仕事中にスタッフ同士がおしゃべりして働かない …… 112

　解決の糸口：怒る時は伝えたいことを明確に …… 116

　　■禁止命令をリクエストに変えよう …… 117

まとめ ── 仕事の基本・ルール …… 118

3 介護実践

● 利用者との距離が近過ぎるスタッフにヤキモキ …… 120

解決の糸口：介護観は変化する …… 124

■ 経験を語ろう …… 125

● 食事の前の手洗いについて意見が食い違う …… 126

解決の糸口：人により状況により優先順位が異なる …… 130

■ 折り合いをつけよう …… 131

● 利用者や家族のクレーム対応で消耗してしまう …… 132

解決の糸口：他人の怒りから身を守る …… 136

■ 真摯に受け止め上手に流そう …… 137

● 認知症の利用者の暴力や暴言、仕方がないの？ …… 138

解決の糸口：認知症の症状を理解し、よく観察する …… 142

■ 嫌がることは無理強いしない …… 143

● 利用者の家族からの個人的な執拗な誘いにイライラ …… 144

解決の糸口：スタッフを守る …… 146

■ スタッフの味方でいる …… 147

● 利用者の尊厳を軽んじる行為は許さない …… 148

解決の糸口：時には本気で怒ることも必要である …… 152

■ 怒る基準を明確に示そう …… 153

まとめ — 介護実践 …… 154

第3章　活気あるチームをつくるためのリーダーの役割

■1 安定した感情を保つための健康管理

● 日々の健康管理 …… 158

- （1）心と身体の健康管理 …… 162
- （2）心を落ち着かせる身体の快刺激 …… 163

■2 スタッフのメンタルヘルスを守る

● 不調へ気づき …… 164

- （1）リーダーに求められるラインケア …… 166
- （2）スタッフをケアする …… 167
- （3）メンタルヘルス不調への対応 …… 168

■3 リーダー自身のワーク・ライフ・バランスを保つ

● それぞれのライフステージ …… 170

- （1）リーダーの役割負担 …… 172
- （2）「思い込み」に気づいて自分の枠をゆるめる …… 173

■4 多様性を受け入れる

● 自分の価値観に気づく …… 174

- （1）多様な価値観を認める …… 176
- （2）多様な人材が力を発揮できるチームづくり …… 177

5 お互いに率直に意見を言い合えるチームづくり

● 利用者とのかかわりにまつわるイライラ …… 178

（1）怒りや不満にはチームをよくする鍵がある …… 180

（2）アサーティブコミュニケーションを目指す …… 181

6 自分が目指すリーダー像を描く

● リーダーとしての価値観や介護観 …… 182

（1）ビジョンを明確に …… 186

（2）なりたい自分になるための計画を立てる …… 188

● 参考文献

● 著者紹介

第1章

介護の職場で活かす
アンガーマネジメント

1 介護の職場を取り巻く課題と介護リーダー

　介護の仕事をするなかで、イライラしたり、不満を持ったり、不安になったり、感情が揺さぶられたりする経験がある方は多いと思います。いつも淡々と一定の感情を保っている人などいませんから、心が揺れ動くのは自然なことです。しかし、そうした状況においても、介護職が自身のメンタルヘルスを保つことは重要な課題となります。

　今、介護の仕事はますます厳しさを増しています。そこで、介護リーダーや一緒に働く介護職のみなさんが、仕事のなかでわき起こるいろいろな感情とつきあいながら、いきいきと働くための方法を考えていきたいと思います。

　はじめに、課題を整理しておきましょう。介護の需要がますます高まるなかで、介護職の人材が不足し、スタッフが燃え尽き離職してしまうという悪循環が生じています。また、介護職による高齢者虐待も大きな問題となっています。こうした状況において、リーダーとしてチームのスタッフをまとめていく上では、職場内の人間関係の調整やスタッフのメンタルヘルスへの支援が求められます。そして、自らがハラスメントの加害者にならないことも重要です。このような課題に取り組む上では、イライラや怒りなどの感情への対処が重要な鍵となります。

　それでは、介護の職場を取り巻く課題と介護リーダーに求められる役割について、もう少し詳しくみていきましょう。

（1）　介護職の人材不足

　高齢化が進むなか、介護の需要が高まり介護職も増えています。2000年の介護保険制度施行以来、要支援要介護認定者数は増加し続けており、こうした介護の需要に伴い介護の従事者数も増え、54.9万人（2000年）から214.9万人（2021年）と約4倍となりました[1]。

　しかし、介護職の給与や処遇の改善が進まず、人材不足も深刻化しています。多くの介護施設では、慢性的な人材不足のなかで現場の業務をなんとかこなしているという現状があります。これは、すぐに改善できる問題ではありません。身体的・精神的に大変な仕事をすべて人材不足のせいにしても、建設的な改善は見込めないでしょう。人が少なく、仕事がきつくなり、それでイライラして人間関係に不調和を生じ、離職者が増える。このような悪循環のなかで、人材不足はさらに深刻化していきます。

　一方で、どんなに忙しくてもスタッフ同士が協力しあい、良好な人間関係のなかで働くことができれば、仕事の効率が上がり、スタッフの負担を軽減でき、それは離職の抑止にもつながります。施設等の介護職員は約3割が有期雇用職員です[2]。働く日数や時間など勤務の条件が多様化するなかで、柔軟に人材を活用していくことが求められます。

（参考）
1）厚生労働省『介護人材確保に向けた取り組み』
2）公益財団法人介護労働安定センター『令和3年度「介護労働実態調査」の結果』2022年

（2）　高齢者虐待の増加

　2006年に高齢者虐待防止法（高齢者虐待の防止、高齢者の養護者に対する支援等に関する法律）が施行されて以降、高齢者虐待の対策が進められていますが、介護職などによる虐待事例や痛ましい事件があとを絶ちません。

　厚生労働省の調査によると、虐待の発生要因は「教育・知識・介護技術等に関する問題」が最も多く、次いで「職員のストレスや感情コントロールの問題」があがっています[1]。

　要介護者に攻撃が向いてしまった原因が、忙しい職場環境や人間関係のストレスなどだったとしても、それは許されるものではありません。また、知識や介護技術が未熟で、うまく対応できなかった、あるいは、介護サービスの対象者が、認知症や介護の困難な状況であったとしても、それも理由にはなりません。

　しかし、現実には介護の場面で、ついカッとなって危うく手をあげそうになってしまった、つい強い口調になってしまった、という経験を持たない介護職は、ほとんどいないのではないでしょうか。または、今まさに、自分の理性をギリギリのところで保っている人もいるかもしれません。

　2021（令和3）年度の介護報酬改定で、2022（令和4）年度から施設における虐待防止の取り組みとして従業者への研修が義務化されました。

　介護職による虐待の原因は、いろいろな要因が複雑に絡み合っていて、簡単に解決できるものではありませんが、虐待の対策としても、介護職の感情のマネジメントが求められています。

（参考）
　1）厚生労働省『令和3年度高齢者虐待の防止、高齢者の養護者に対する支援等に関する法律に基づく
　　対応状況等に関する調査結果』2022年

（3）　スタッフのメンタルヘルス支援

　労働安全衛生法の一部改正によって、2015年にストレスチェック制度が施行されました。制度は当面、労働者数50名以上の事業場を対象に事業主の取り組みとして定められており、小規模な事業場では関係ないと思われるかもしれませんが、この制度は労働者のメンタルヘルス不調の未然防止を目的としているものですから、概要を押さえておく必要があります。

　厚生労働省が示すストレスケアは、自分で気づいてケアするセルフケア、管理職などが行うラインによるケア、事業場内産業保健スタッフ等によるケア、事業場外資源によるケアという4つのケアを、システムとして機能させることが効果的といわれています。

　対人援助の仕事はストレスが高いことが知られていますが、特に新型コロナウイルス感染症が流行した2020年以降、介護現場は、これまで以上にストレス対策が重要な課題となっています。感染対策がむずかしく感染が拡大しやすい高齢者施設における対応に加えて、一時期は介護職に対する差別的な扱いも問題となりました。感染対策としてスタッフの日常生活においても行動制限があり、過重労働や人材不足が深刻化するなかでメンタルヘルスの不調や離職への対応が求められています。

　リーダーには、労働者として自身のストレスへの気づきやセルフケアを意識するほか、日頃スタッフの様子を身近に見ている立場として、スタッフのストレスへの気づきやメンタルヘルスケアを担う役割があります。

　（ストレスケアにおけるラインケアについては、第3章 2 参照）

（4）　ワーク・ライフ・バランス

　すべての働く人に対して、ワーク・ライフ・バランス、すなわち仕事と生活の調和を希求することが推進されています。誰もがやりがいや充実感を感じながら働き、仕事上の責任を果たしながら、子育てや家庭、地域での役割、自己啓発などの時間を持ち、健康で豊かな生活ができる社会を目指しているのです。労働基準法の改正によって、2019年4月から、年10日以上の年次有給休暇が付与される労働者については年5日間の年次有給休暇の取得が義務化され、法制度の整備やテレワークの普及促進など、官民双方での取り組みが進められています。

　しかし、介護業界の現状として、テレワークができないことや慢性的な人材不足、変則の勤務体制などにより、心身に大きな負担がかかります。またリーダー層は、私生活においても子育てや家庭における介護などを担う年代にあたる人もいるでしょう。ワーク・ライフ・バランスの実現がむずかしい状況に置かれている人もいるのではないでしょうか。

　視点を変えると、多様な人材が働き、また多様な働き方を選べる介護業界だからこそ、個人のキャリアや人生を主体的に選択し、仕事にやりがいを持ちながら生活を充実させることができる可能性もあります。職場に不満を抱え自己犠牲を払いながら仕事をするのか、主体的な意思決定に基づいてやりがいのある仕事をしていくのか。アンガーマネジメントを知ることは、主体的な意思決定に有用です。組織として成果を出しながら、一人ひとりが仕事と私生活を楽しむことができる風土づくりが、今後はより一層求められるでしょう。

　　（参考）
　　内閣府『「仕事と生活の調和」推進サイト』

（5）　いじめやハラスメントの防止

　リーダーには、その役割として、職場内の人間関係のトラブルやいじめなどの問題についての調整力が求められます。それとともに、リーダー自身が、意図せずともパワーハラスメントの加害者になるリスクもあることを、認識しておく必要があります。

　職場のパワーハラスメントは、「職場において行われる①優越的な関係を背景とした言動であって、②業務上必要かつ相当な範囲を超えたものにより、③労働者の就業環境が害されるものであり、①から③までの要素を全て満たすもの」と定義されています[1]。

　労働施策総合推進法の改正により、2022年4月以降、中小企業を含む全企業に対し、ハラスメント防止の具体的な対策が義務化されました。また介護の分野では、2021（令和3）年度の介護報酬改定で、ハラスメント対策を強化する観点から、すべての介護事業所に対し、必要な措置を講じることが義務化されました。

　パワーハラスメントを自覚していじめや嫌がらせをする人などいないと思いますが、ついカッとなって感情的になってしまうという場合もあります。あとから「そんなつもりではなかった」と言い訳することはできません。ここでもまた、自身の感情をうまく制御することを求められます。

　業種を問わず、いじめやハラスメントを防止するためにアンガーマネジメントに取り組む職場が増えていますが、人間関係の問題は、介護職が離職する際の理由のトップに上がっており[2]、介護の職場では特に重点的に取り組む課題といえます。

（参考）
　1）事業主が職場における優越的な関係を背景とした言動に起因する問題に関して雇用管理上講ずべき措置等についての指針（令和2年厚生労働省告示第5号）
　2）公益財団法人介護労働安定センター『令和3年度「介護労働実態調査」の結果』2022年

(6)　カスタマーハラスメントへの対応

　介護現場において、職員間のハラスメントだけでなく、利用者や利用者の家族からのハラスメント対策が課題となっています。サービス業全般に顧客からのハラスメント「カスハラ」が問題となっていますが、介護サービスの利用者や利用者の家族による悪質なクレームや迷惑行為も深刻な問題です。

　厚生労働省老人保健健康増進等事業による「介護現場におけるハラスメントに関する調査研究報告書」では、利用者からハラスメントを受けたことがあるとの回答が、「介護老人福祉施設」では70.7％、「認知症対応型通所介護」では64.3％などの結果でした[1]。「身体的暴力を振るわれた」「コップ等をなげつけられる」「ものを破壊する、攻撃される等、恐怖を感じる行為があった」といった身体的暴力や、「攻撃的な態度で大声を出された」「他者を引き合いに出し、過大なサービス等を強要された」「契約上、提供できないサービスの提供を強要された」「制度上認められていないサービスの提供を強要された」「人格を否定する発言をされた」「能力を否定する発言をされた」「脅迫する発言を受けた」などの精神的暴力が上位にあがっていました。

　また、介護サービスの利用者だけでなく、利用者の家族等からのハラスメントについても、対策が求められます。同調査では「居宅介護支援」では29.7％、「定期巡回・随時対応型訪問介護看護」では26.8％、訪問看護では25.8％が家族等からのハラスメントを受けたと回答していました。

　ハラスメントは、スタッフにとって心身の傷となり、**離職の原因**にもなります。スタッフの労働環境を整え、利用者や利用者家族によるハラスメントからスタッフを守ることは管理者の責務です。

（参考）
　1）株式会社三菱総合研究所『介護現場におけるハラスメントに関する調査研究報告書』2019年

2 アンガーマネジメントとは

　アンガーマネジメントは、怒り（anger）の感情と上手につきあうためのトレーニングです。

　近年、介護職にアンガーマネジメントの研修を取り入れる施設が増えています。例えば、虐待防止、ストレスマネジメント、ハラスメント防止などがその目的です。少し前までは、アンガーマネジメントで、怒りっぽい利用者や家族からのクレームに対応したいなど、怒りっぽい相手を鎮めることを期待するような誤解もありましたが、最近では、スタッフ自身の感情に焦点をあてていく、という考え方が浸透しつつあるように思います。

　もう一点、アンガーマネジメントは、怒らなくなるための訓練だとの誤解も見受けます。しかし、単に怒らなくなるというものではありません。不要な怒りに振り回されないようになるだけでなく、必要な時には上手に怒ることも含みます。怒らなくてもよいことに怒ってしまい、「あんなこと言わなければよかった」と後悔したり、本当は怒りたかったのに、その場では堪えて、「やっぱり言えばよかった」などと後悔したりすることがありますが、このような、怒りについて後悔をしないようになることを目指します。

　介護リーダーにとっては、ハラスメントの加害者とならないために、自身の感情のコントロールが不可欠です。また、上手に怒ることは、スタッフへの注意、指導などにも活用できます。感情的にならず、必要なことを上手に伝えることも、リーダーにとって重要なスキルですから、ここでもアンガーマネジメントが効果を発揮します。

　職場では、注意、指導などに悩みを抱える人も多いようです。強く

言えばパワーハラスメントと言われ、少しの注意でもスタッフが泣いてしまう、逆ギレされるなど、言いたいことも言えないという人もいるのではないでしょうか。

　本書では、「怒る」「叱る」「注意する」「指導する」などの言葉を明確に分けていません。これらの言葉が意味する行為を、自分の価値観と違うことが起こった時に、自分の感情を認めて、必要に応じて相手に伝えるという一連の行動として扱います。

　リーダーが感情面で安定を保てることは、チームのスタッフの安心や信頼につながります。また、スタッフの心が安定していることは、利用者に提供するケアの向上につながります。コミュニケーションや人間関係が円滑になることで、職場全体の活性化につながることが期待できます。

　怒りの感情を知り、そのきっかけとなっている自分の感情にも気づき、その怒りによって不適切な対応をしないように反射的な行動を防ぎ、怒りの要因を探り、怒るか怒らないかを決めて、怒るなら適切に怒る、という流れで怒りが発動するプロセスを考えます。怒るとは、怒鳴ったり手をあげたりするというような、いきなり行動で表出するものではなく、こうしたプロセスがあるものなのです。

　特に激怒するような場面でなくても、ちょっとモヤモヤした感じがするというものも含めて、怒りを振り返ってみると、自分のなかで大事にしている価値観や介護観がみえてくることがあります。人によって物事の捉え方や考え方が異なりますので、この場面ではこう対応するというハウツーでなく、多様な考え方があることを前提に、自身の考え方に気づくヒントを探ってみてください。

3 怒りとはなにか

　イライラしたり、怒ったりする経験が日常的にあっても、怒りとは
なにかと改めて問われると、説明するのはむずかしいのではないで
しょうか。これまで私たちは、怒りについて学ぶ機会があまりなかっ
たからです。そこで、まずは怒りを知ることから始めましょう。

　怒りは、喜怒哀楽などの感情の一つです。怒るのはよくないことと
思っている人もいるかもしれませんが、すべての人に備わっている自
然な感情ですから、怒ってはいけないということはありません。ただ、
怒りは自分の感情なのに、うまく対処できない場合があります。怒り
とうまくつきあっていくために、感情に良し悪しをつけず、自分の感
情として認めることが大切です。

　職場であれこれ目について、朝から晩まで怒っているようなリー
ダーは、スタッフから敬遠されます。感情的になって怒ってしまうと、
スタッフとの信頼関係を崩し、利用者や家族への対応においても、誤
解を招く危険性があります。一つの出来事を長時間引きずって怒った
り落ち込んだりする、あるいは、相手を攻撃するような怒り方をする
リーダーもいるかもしれません。このような怒り方は、改善の余地が
あります。

　また、介護リーダーになると、利用者や家族からのクレームがあれ
ば矢面に立たなくてはならない場面も増えるでしょう。スタッフから
の風当たりが強くなることもあるでしょう。そのような状況において
も、自分が揺るがされず、安定した感情を保ちながら、利用者や家族、
スタッフなど、相手の感情を察して適切に向き合うことも必要になり
ます。

　怒りは、二次感情です。怒りはそれ単独で生じるものではなく、一次感情が一緒に存在します。不安、辛い、苦しい、痛い、悔しい、疲れた、寂しい、虚しい、悲しいなどの感情が怒りの裏に隠れているかもしれません。例えば、施設の入所者が「面会の子どもが騒いでうるさいからなんとかしろ」と言って怒っている時、もしかしたら、その入所者の怒りの背後には、自分も孫に会いたいのに会えない「寂しさ」が隠れているかもしれません。

　また、自分自身について、普段ならそこまで怒らないのに、ささいなことが目についてイライラするのは、実は不安や緊張の表れなのかもしれません。怒った時に、その背後にどんな感情があるのかを意識して、怒りの元となっている感情を言葉にする練習をしてみましょう。

　怒りは、エネルギーを秘めた感情です。怒って相手を攻撃して傷つけてしまう人もいれば、怒りのエネルギーを持て余して別の場所で八つ当たりしたり、物を壊したりと不適切に発散してしまう人もいます。一方で、怒りのエネルギーを上手に活用して仕事のモチベーションを高め、業務改善に取り組むなど、成果を上げる人もいます。

　では次に、このほか、怒りの持つ性質を紹介しましょう。

(1)　身近な対象ほど強くなりやすい

　怒りは、身近な人に対して強く感じやすい性質があります。

　他の部署の出来事なら冷静に聞いていられるのに、自分のチームの
スタッフがミスや不適切な介護をしたら、怒りが強くなることがあり
ます。これは、いつも顔を合わせているスタッフは、いつも注意して
いるのだからやってくれるだろう、自分の思いをわかってくれている
だろう、という期待があるのかもしれません。無意識のうちに、自分
が相手をコントロールしているような錯覚を起こすこともあるので、
時々冷静にスタッフとの距離を振り返ってみる必要があるでしょう。

　これは、スタッフと利用者との間にもいえることです。スタッフが
利用者と信頼関係を築くことは大切ですが、献身的なお世話が行き過
ぎると、介護職と利用者としての距離感が保てなくなることもあるの
で、注意が必要です。利用者と仲よくなり過ぎて、友達や家族のよう
になると、言葉遣いが馴れ馴れしくなったり、乱暴になったりする危
険性があります。一度距離を詰め過ぎてしまうと、節度ある距離をと
ることがむずかしくなります。ちょっとしたきっかけで、怒りをぶつ
けやすくなり、それが無意識のうちに虐待のリスクを招くこともあり
ます。

(2)　上から下へ流れる

　怒りは、上から下へ、強い人から弱い人へ向けられやすい性質があ
ります。もし、リーダーがスタッフに対して不適切に怒りを向けたら、
その状況によっては、パワーハラスメントに当たる場合もあります。
そしてスタッフが怒りを利用者に向けてしまうことがあれば、虐待の
リスクになってしまうでしょう。

　職場の上下関係は、役職によるとは限りません。例えば、勤務年数

の長いスタッフが新しい上司を見下したり、有期雇用職員が無期雇用職員よりも強い力を持っていたりする場合もあります。施設と利用者や家族との関係においても同様で、スタッフが利用者へ高圧的な態度をとってしまうこともあれば、利用者がストレスをスタッフに向けることもあります。

　人と人との関係は曖昧なものですが、ここで注意したいのは、怒りが流れてきて、それを受け取った人が、また上から下へと怒りを別の人に向けてしまうと、怒りが連鎖していくという点です。

（3）　伝染しやすい

　怒りに限らず、さまざまな感情は周囲に伝染します。これを情動伝染といいます。怒りは、ポジティブな感情よりも伝染力が強力です。

　例えば、声を荒らげなくても、表情や態度で怒りを表している場合もあるでしょう。しかし、怒った時には、感情的に表情や態度で表すのでなく、感情を適切に伝えることが大切です。

　スタッフは、リーダーをよく見ています。「今日は不機嫌なようだから近寄るのは止めよう」などと思われるようでは、スタッフとの良好な関係を築くことがむずかしくなります。できることなら、よい意味でムードメーカーとなり、チームの雰囲気を明るく和やかにできるような感情の伝染を心がけたいものです。

　日頃、みなさんや周囲の人々が怒っている状況に照らしてみると、思い当たることもあるのではないでしょうか。このような怒りの性質があることを理解しておくだけで、怒りという感情に対応しやすくなると思います。

4 怒りの正体はなにか

　怒りは、誰かになにかをされたとか、言われたとか、なにかの出来事から生じるのではありません。怒りは、自分が持っている価値観とのギャップによって生じるのです。この価値観をコアビリーフといい、これが怒りの正体です。

　怒りを細かく分解してみると、なにか出来事を受けて、その出来事に意味づけをして、怒る、そしてその結果を受けて自分のコアビリーフが強化されたり修正されたりする一連の流れを辿ります。

　ここで出来事の意味づけに影響するのが、コアビリーフです。これは、自分が大事にしている信条、理想、他者への期待などです。怒りは、このような、自分の価値観とは違う現実に対峙した時に生じる感情です。普段の生活のなかではあまり意識することがないかもしれませんが、「～するべき」「普通は～」「常識的に考えれば～」「当然～」といった言葉に置き換えることができます。

　これは、生活全般に人それぞれに蓄積されているものですが、本書では、コアビリーフの一部を「介護観」と考えてもよいでしょう。

　しかし、コアビリーフ（価値観）は自分にとって当たり前のことなので、人との違いを意識することはむずかしいものです。一方で、自分と異なる価値観に対峙すると違和感が生じますが、これが怒りの正体ですから、怒った時は、自分の価値観に気づくチャンスです。また、自分では当たり前だと思っていたことが人とは違うかもしれない、と自身の「思い込み」に気づくこともできるかもしれません。

　では、コアビリーフの特徴を整理してみましょう。

（1）　価値観は十人十色

　人の行動はその人の意思によって決められていて、その時その時の言動はすべて正解だと思って選択しています。また、人の価値観は一つだけでなく、自分のなかにたくさん蓄積されています。

　介護は人とかかわる仕事であり、またチームや他の職種や機関との連携が不可欠です。しかし、人は必ずしも自分と同じ考えを持っているとは限りません。もっといえば、全く同じ考えの人は世界中を探してもいないのです。ですから、考え方の相違や意見の対立が起こるのは当然ともいえます。

　同じ職場のスタッフ同士でも、同じ職種でも、少しずつ考え方が異なることがあります。そのため、自分ではよかれと思った行動が、相手にとっては不要であったり不快であったりすることもあります。反対に、同僚の介護のやり方や利用者へのかかわり方を見て、自分とは違っていて同意できないということもあるでしょう。こうした場合は、自分はどのような考えを持っているのかを振り返り、また相手の思いを理解しようとする姿勢が求められます。

　利用者や家族に対しても同様です。自分の価値観を相手に押しつけようとすれば、受け入れられず、相手に苦痛を強いたり、クレームとなったりする可能性もあります。これまでの生活や職業など、その人が歩んできた人生を踏まえて、相手を理解する姿勢が求められます。

（2）　程度と優先順位が異なる

　一見、同じような価値観を持っているようにみえても、人によってその程度や優先順位が異なります。

　例えば、「時間を守るべき」という価値観はきっと多くの人に共通していると思います。しかし、その程度は人によって少しずつズレがあります。

　勤務の始業時刻について、1時間前には到着して仕事の準備をすませてゆっくりと待っている人もいれば、5分前に到着していればいいかなという人もいますし、ギリギリに駆け込んでも始業時刻に間に合えばセーフという人もいます。みな、「時間を守るべき」と思っていても、このように出勤時刻は異なります。

　同じように「時間を守るべき」と思っていても、これが始業時刻でなく、勤務の合間に14時から打ち合わせをしよう、という状況だとしたら、これもまた人によって判断が異なります。なんとか業務の都合をつけて、14時にスタッフルームに戻ってくる人もいれば、業務優先で「今日は忙しいから打ち合わせはまた今度にしよう」と提案する人もいるかもしれません。

　また、介護サービスの場面では、利用者に対して、「本人の希望を尊重したい」と同時に「安全なケアを提供したい」とも思うことでしょう。ここでもし、利用者の歩行が不安定なのに「一人で歩きたい」と言われたら、本人の希望を尊重したいけれど、安全を守ることも大事で、こうした場合も、人によって二つの価値観の重みづけは異なることがあるでしょう。

　このように、同じように「時間を守るべき」と思っても始業時刻と業務中の打ち合わせ時刻とでは、程度が異なりますし、本人の希望を守りたい、安全なケアを提供したいという思いは同じでも、優先順位が異なることがあります。

（3）　組織や時間経過で変化する

　人の考え方は、組織文化によって影響を受けます。転職や異動など
で新しい職場に行くと、同じ業界でも全く異なるルールがあるもので
す。「これがうちのやり方」といわれるような独自のルールがあって、
戸惑うこともあるのではないでしょうか。ところが、しばらく時間が
経って、その組織のルールに慣れてくると、それが当たり前になるこ
ともあります。初めは違和感があっても、なじんでくると自分の考え
が変化していることに気づかない場合もあります。

　身体拘束のあり方を例にとると、全く身体拘束をしないという方針
の施設もあれば、利用者の安全を守るためには必要と考える施設もあ
るでしょう。2001年に厚生労働省が身体拘束ゼロ作戦推進会議を開
催し、『身体拘束ゼロへの手引き』が発行され、身体拘束ゼロに向け
た取り組みが進められてきました。そして、身体拘束をしないのが当
たり前になったのかと思いきや、時間の経過とともに、この手引きを
知らない介護職も増えているという話も聞きます。

　組織のルールや常識が変化するのに伴い、その組織で働く人の考え
や常識も変化していきます。スタッフ同士でも、お互いに考え方が変
化していくことを理解しておかないと、意見の対立や不要な怒りを招
くこともあるかもしれません。

　怒りが生じた時に、自分の価値観を振り返ってみてください。相手
との考え方の違いがみえてくるかもしれません。似たような価値観で
も、程度や優先順位が異なります。そして、毎日の仕事のなかでいつ
の間にか自分の考え方が変わっていたことに、気づくことがあるかも
しれません。

5 賢く怒るために

　怒りの正体はコアビリーフです。これは、人に備わった価値観の辞書のようなもので、一人ひとりが多様な価値観を持っています。それが日々の経験を通して、少しずつ書き換えられていくのです。

　怒りの感情と賢くつきあっていくためには、まず、自分のコアビリーフを知る必要があります。怒った時にこのコアビリーフを考えてみましょう。自分にとっての価値観はすべてが正解ですから、簡単に変えることはできませんし、無理に変える必要はありません。しかし、なかには、自分の価値観とは違うけれど、怒るほどのことでもないこともあります。怒るほどでもないと思えるものが増えてくると、人の言動に対する許容範囲が広がります。

　次に、自分の価値観とは違うけれど怒るほどでもないという許容範囲と、これは許せない、受け入れられないという、許容範囲から外れる部分について、その線引きを明確にします。そして、ここまでは許せるけれど、ここからは許せない、というラインを周囲の人に伝えていきましょう。これを繰り返していくと、スタッフにあなたが怒る判断基準を示すことができます。

　賢く怒るためのポイントは、自分の価値観の許容範囲を広げ、許せないことの線引きを明確にし、怒る判断基準を周囲に示していくことです。その基準から外れる出来事に遭遇したら、怒るという選択もあります。怒るか怒らないかを判断し、怒るなら賢く怒りましょう。

　相手に自分の感情を添えて、止めてほしいこと、変えてほしいことを伝えます。一方的に感情をぶつけるのではなく、相手も自分も尊重する「アサーティブコミュニケーション」（後述）を目指しましょう。

（1）　許容範囲を広げる

　自分にとって大事にしている価値観を変える必要はありませんが、自分がどんな価値観を持っているのかを意識しておくと、怒ることと怒らなくてもよいことを判断するのに役立ちます。

　図に3つの丸があります。これは価値観を示していて、相手の言動が、①自分の価値観と一致していれば、怒りは生じません。また、③自分の価値観とは違い許容できないものであれば、怒りが生じます。そして、①と③の間には、②自分の価値観とは違うけれど許容できる、怒るほどでもないという範囲があります。

　この②の範囲を少しずつ広げていくと、小さなことに対していちいち怒らなくてもすむようになります。

　他人が自分と異なる考えを持っていても、「異質なもの」として簡単に排除するのでなく、時には関心を傾ける姿勢も必要です。「あり得ない！」と思うようなことでも、「そういう考えもあるのか」というぐらいの柔軟さを持ってみるのです。そうすれば、相手とのコミュニケーションもスムーズになります。

価値観の三重丸①

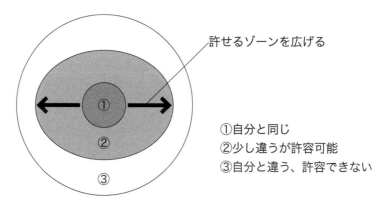

許せるゾーンを広げる

①自分と同じ
②少し違うが許容可能
③自分と違う、許容できない

（©日本アンガーマネジメント協会、一部改変）

（2）　怒るか怒らないかを決める

　怒ることと怒らないことの判断は、曖昧なものです。怒るほどでもない、という範囲を少しずつ広げるとともに、その線引きを明確にして安定させていきましょう。この線引きが曖昧なままだと、自分の機嫌に左右されて、怒るほどでもないことに怒ったり、本当は許せない範囲のことなのに目をつぶってしまったり、ということが出てきます。

　同じ出来事に対して、リーダーの機嫌によって怒ったり怒らなかったりすると、スタッフにとっては怒られる基準がわかりませんし、リーダーの顔色で対応を変えるようになってしまいます。ですから、判断基準を明確にしてあらかじめ示しておき、機嫌に左右されずに、同じ判断基準で、怒る判断のものはいつも怒る（伝える）ようにすることが大切です。

価値観の三重丸②

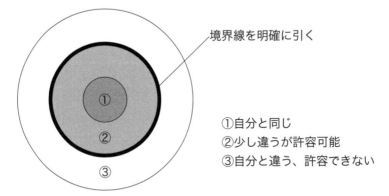

境界線を明確に引く

①自分と同じ
②少し違うが許容可能
③自分と違う、許容できない

（©日本アンガーマネジメント協会、一部改変）

（3）　賢く怒る

　怒るなら適切な表現で怒るようにしましょう。「怒る」というと、怒鳴ったり攻撃したりするようなイメージがあるかもしれませんが、怒るというのは「伝える」ことです。自分の感情を伝え、改善してほしい行動や要望を伝えるのです。

　怒りには自分の価値観が反映されます。私はなにを大事にしたいのか、と自分に問いかけてみてください。「利用者の安全を守りたい」「スタッフにいきいきと働いてほしい」など、自分の価値観がわかったら、それを伝えるのです。

　ここで、アサーティブコミュニケーションが活用できます。これは、自分も相手も尊重したコミュニケーションの方法です。コミュニケーションにおける自己表現は、「攻撃的」「非主張的」「アサーティブ」というタイプに分けられます。

① 　攻撃的

　　自分の意見や考えを主張して、相手の言い分や気持ちを無視するような自己表現です。結果的に自分の意見を押しつける言動になってしまいます。

② 　非主張的

　　自分の気持ちや考えを抑えて相手を立てているようにみえる自己表現です。あとでわだかまりが残ってしまいます。

③ 　アサーティブ

　　自分も相手も大切にした自己表現です。葛藤が起こっても、自分の意見を押し通したり、すぐに自分が折れて相手に譲ったりするのでなく、双方にとって納得のいく結論を出そうとする歩み寄りの姿勢でコミュニケーションをとります。

　表現のタイプは、どれか一つに当てはまるというものではなく、仕事では言いたいことを言えずに、家に帰ると子どもに対しては強い口調になってしまうなど、相手や場面によって変わることもあります。

　コミュニケーションは、意識して練習すれば上手になります。相手の意見も受け入れつつ、自分の意見も率直に伝えて、歩み寄ろうとする姿勢でコミュニケーションをとることが大切です。

（参考）
平木典子『改訂版 アサーション・トレーニングーさわやかな＜自己表現＞のためにー』日本・精神技
　術研究所、2009年、15 〜 30頁

→ ポイント

- 出来事や事実と自分の感情を分ける
- 怒りの背後の感情を意識して表現する
- 相手への共感も示す
- 相手に望む行動をリクエストする

6 よくあるイライラや不安の例： 怒りの相談室

　ここからは、事例をもとに、日常業務でよくある、怒りやイライラ、不安などを感じる出来事について、その原因を探るとともに、アンガーマネジメントの手法を使った対応法を考えてみましょう。

　事例の舞台は、ある介護サービス事業所の相談室です。
　介護リーダーの東山さん、西川さん、南野さん、北原さんは、それぞれの職場のまとめ役として、よりよいサービスを提供するべく、日々業務に取り組んでいます。しかし、チームのスタッフや利用者との関係で、いろいろな悩みを抱えているようです。
　性格もキャリアも違う介護リーダーたちが、こうした悩みをどうにかしたいと、アンガーマネジメントの心得がある木村さんのもとに、相談にやってきました。

朝から晩まで怒ってばかり

悩み事

この頃、毎日怒ってばかりで、スタッフとの関係が悪くなりそうです。

東山さん

東山

毎日、頭にくることばかりです。

一つ注意しても、次から次へとスタッフがなにかヤラかすんです。リーダーだから、言うべきことは言わなければならないし、とにかく、スタッフのみんなにはもっとちゃんとしてほしい！それなのに、最近はスタッフも以前よりよそよそしくなったように感じて、まるで私が悪いことをしているみたいで…。

木村

怒ることがたくさんあるのですね。確かに怒ってばかりだと、スタッフとの関係が悪化してしまう心配がありますね。

東山

スタッフとの関係性が悪くなるのも嫌だし、そうはいっても、仕事はちゃんとしてもらわないといけないし、これではお互いに険悪になって悪循環ですよね。それに、ずっと怒ってばかりで、私も健康に悪いと思う。この状況をなんとかしなければいけないと思っているんです。

毎日怒っている状況を、改善したいと考えているのですね。
東山さんは、どんなことに怒っているのですか？

 もういろいろです。朝から晩まで、ずっといろいろあるんです。

 例えばどんなことがありますか？　昨日の勤務では、なにに怒りりましたか？

 えっと…、これといって決まったものではなくて、とにかくいろいろです。

 それではまず、毎日どんなことに怒っているのかを分析してみることにしましょう。
勤務中に小さなメモ帳をポケットに入れておいて、怒った時にメモをとってみてください。少しでも書き留めておくと、なにに怒っていたのかを分析できますから、それを見て対策を考えていきましょう。

 う〜ん、怒ってばかりなのに、改めて考えてみると、なにに怒っていたのか思い出せない…。
早速、メモ帳を買って帰ります。

　今朝、一番初めに怒ったことはなんでしたか。朝から晩まで怒っているのに、いざ思い出そうとするとなにに怒っていたのか思い出せない、ということはないですか。

　それほど大きな出来事でもないのかもしれませんが、毎回似たようなことに怒っているのに、また今回も新たに怒ってしまうのです。なにかに怒ってそれが過ぎ去っても、また次々になにかが目についたり、聞こえてきたりします。

　しかし、そのたびに怒り続けていると、エネルギーを消耗して疲弊してしまいます。また、スタッフも徐々にあなたに近寄りがたくなって、職場の雰囲気も悪くなります。リーダーが怒ってばかりでは、スタッフの信用が得られず、本当に必要な場面でスタッフが動いてくれない、という事態にもなりかねません。

　こんな時は、自分の怒りの感情と上手につきあい、怒りの問題に対処するために、まずは自分が普段どんなことに怒るのか、その状況や内容を分析して、自分の癖を知ることから始めましょう。

　自分の怒りの傾向を分析するために、「メモをとる」という方法があります。怒りの感情は捉えどころがなく、時間が経てば細かいことは忘れてしまいます。それを文字にしておくのです。

　メモを書きためていくと、自分が日頃からどんなことに怒っているのか、その傾向がみえてきます。自分の怒りのスイッチがわかると、対策を講じることもできます。

（1）　怒りをメモする

　怒るたびに、その出来事やその時の気持ちをメモします。メモする内容の例として、①日時、②場所、③出来事、④その時の気持ち、⑤怒りの点数、とします。これらは、項目の一例ですが、書きやすいやり方がみつかれば、アレンジしてもかまいません。

　そして、あとからまとめて書き出すのではなく、すぐに書くようにします。メモですから短時間でサッと書き留めておくだけです。怒るたびにその都度書きます。自分の傾向を分析できるように、書いたり書かなかったりするのではなく一言でも書いておきましょう。介護の職場では、日々の業務用のメモ用紙とは別に、怒りのメモを書くための、ポケットに入るサイズのメモ帳を携帯しておくとよいでしょう。

　怒りのメモを書き始めたら、書きながらその場面を振り返って、あれこれ考えてしまうこともあるかもしれませんが、書いたらいったんそのメモを閉じて、仕事に戻りましょう。分析するのは、書きためてからです。

　メモを書くことは、怒りを分析する以外にもさまざまな効果があります。怒った時に、メモを書くことで落ち着きを取り戻すことができます。もしかしたら、改めて文字にしてみると、たいしたことでもないかもしれません。また、カッとなって、勢いで声を荒らげてしまうような怒り方をする人は、「この怒り、メモしよう」と考えるだけで、勢いに任せた反射的な行動を防ぐ効果もあります。

> **→ ポイント**
>
> 怒りのメモは　①　すぐに書く
>
> 　　　　　　　②　その都度書く
>
> 　　　　　　　③　書いたらあれこれ考えない

（2）　怒りに点数をつける

　怒りのメモをとる時に、点数をつけて自分の怒りの強さを測ります。0点が怒っていない平穏な状態で、10点が最も強い怒りです。怒った時に、その都度点数をつけます。

　初めのうちは、「この前は3点、今回は5点かな、でもこの前の方がもっと強い怒りだったような気もする」など、点数が高かったり低かったりして、定まらないこともあるかもしれません。それでも、繰り返し点数をつけていくと、そのうちにコツがつかめます。怒りのメモとセットで点数をつけていくと、怒りの分析に役立ちます。

　他にも、怒った時に、「そうだ、点数をつけよう。これは何点だろう」と考えることで、少し冷静になることができます。怒りの出来事そのものから、ほんの一瞬、意識をそらすのです。カッとなった勢いで声を荒らげたり、相手を攻撃してしまったりしてから、言い過ぎたと後悔するような人には、反射的に怒らない練習が有効です。

> **→ ポイント**
>
> 　メモの効果・点数をつける効果
> 　　　① 自分の傾向を分析できる
> 　　　② クールダウンできる

（3）　小さな怒りは受け流す

　怒った時に、その内容をメモしたり、点数をつけたりすることで、自分の怒りの傾向を分析できます。また、反射的な言動を防ぎ、冷静さを取り戻すという効果もあります。

　東山さんのように、いろいろ気になって怒っている人は、目に止まるさまざまな出来事に対して、怒るか怒らないかという仕分けの作業をしてみるとよいでしょう。例えば、点数をつけてみて、3点以下なら受け流すというように、小さな怒りは怒らないほうに仕分けして、指摘しないと決めてしまえば、意外と怒らないですんでしまいます。

　メモを分析してみると、私物が出しっぱなしになっているのが気になるけれど、スタッフルームや利用者の目につく場所に置いてあったら片付けるように伝える、でも休憩室に置いてあって他のスタッフの邪魔になっていなければ大目にみる、など自分なりに出来事の重要度の基準がみえてくるかもしれません。

　毎日怒ってばかりいるよりは、ある程度は目をつぶるようなおおらかさを持ちながら、大事な場面でしっかり怒るというメリハリが大事です。

カッとなったら抑えられない

悩み事

私は、怒った勢いでつい余計な一言が出て
しまいます。
言ってから後悔することもよくあります。

西川さん

西川

私は、気になることがあると、言わずにいられない性格です。
こらえ性がないというか、カッとなったらすぐに言葉に出して
強く怒ってしまって、あとで「あんな言い方しなければよかっ
た」と反省するのです。とにかく、その場では抑えられないの
です。

木村

なにか失敗してしまったのですか？

西川

実は先日、勤務時間中なのにスマートフォンを出しているス
タッフがいたので、「勤務中ですよ！早く仕事に戻ってくださ
い」と注意したのです。
でも、あとで他のスタッフから事情を聞いたのですが、その日
は、そのスタッフのお子さんが病気で学校を休んでいたそうな
のです。スタッフが少ないからと、仕事を休まずに出てきてく
れて、でも病気のお子さんを一人で家に残していたので、心配

だったのだと思います。
そのスタッフは仕事をサボるような人ではないのに、スマートフォンを出しているというだけで、つい注意してしまって、申し訳ないことをしました。

そうでしたか。

振り返ってみると、普段の仕事のなかでスタッフから報告を受ける時も、「ちゃんと確認しなかったのか？」とか「なんでそういう対応をしたのか？」とか、聞いていくとスタッフにもそれなりの言い分があるのに、最初の一言を聞いて早合点してしまって、勢いで怒ってしまうという失敗を繰り返している気がします。

反応が早いのですね。それでつい余計な一言が出てしまうというところを改善すれば、スタッフとのコミュニケーションがもっとよくなりそうですね。

わかってはいるのですが、抑えられなくて困っています。

それなら、改善のポイントは明確です。ほんの数秒間だけ反応を遅らせるのです。
よい方法がありますから試してみてください。

解説

　怒った時に失敗する怒り方の一つに、反射があります。

　西川さんは、その時に目についた状況だけで注意してしまい、早合点したことを後悔しています。この反射的な言動での失敗として、「売り言葉に買い言葉」といわれるように、誰かになにか言われて、考えなしに言い返してしまうような状況もあります。

　これを、介護サービスの場面に当てはめてみると、利用者に対する苛立ちから反射的に不適切な対応をしてしまう場合があります。利用者の意思や希望を尊重したいと考えていても、暴言を吐かれたり命令口調で指図されたりしたら、感情が揺さぶられて、利用者の言動を受け入れられない時もあるでしょう。

　倫理的には、利用者に手をあげることは絶対にあってはならないと、ほとんどの介護職は十分にわかっているのに、危うく理性を失いそうになる時だってあるでしょう。倫理観とは別に、「忙しい自分の状況もわかってほしい」「わがままばかり言わないで」という思いがわいてくることだってあるのです。

　このように勢いで怒ってしまう人は、その反応をほんの数秒間遅らせるテクニックを準備しておくことをお勧めします。怒りが生じた時、強い怒りの波はほんの数秒間といわれています。怒りがなくならなくても、この数秒間だけ意識をそらすことができれば、冷静さを取り戻し、怒りに任せた言動で失敗することを防ぐことができます。

　次のなかから自分が使いやすい方法をいくつか準備しておき、その状況に応じて試してみてください。

（1）　手のひらに書く

　イラっとしたら、その内容を手のひらに書いてみてください。つい言ってしまいそうになった言葉を、手のひらに指で書いてみるだけです。

　怒りに対する反射的な反応を防ぐためのポイントは、怒りから意識をそらし、なにか別のものに注意を向けることです。手のひらに書くことで、手のひらに意識を集中するのです。身体に刺激があることも、怒りから意識をそらす効果があります。これが、例えば面接室で誰かと対面している時なら、机の下で脚に書いてみる方法もあるでしょう。

　クレームを受けるような状況なら、そのままメモを取るのもよいでしょう。書くことで、真摯に対応している姿勢を示しながら、少しだけ怒りそのものから意識をそらすのです。

　身体への刺激という意味では、手をぐっと握ったり開いたりするグーパー運動をしてみる方法もあります。反射的な反応を防ぐことが目的ですから、ほんの数秒間です。

　このように、イラっとしたら書く、あるいはイラっとしたらグーパーなど、あらかじめ決めておくのです。

（参考）
安藤俊介・デューク更家『アンガーマネジメント×怒らない体操　たった6秒で怒りを消す技術』集英社、2016年、28〜29頁

（2）　数をかぞえる

　イラっとしたら、数をかぞえてみましょう。例えば、100から3ずつ引いてみるのです（97、94、91、88、85…）。

　数をかぞえる目的も、怒りの出来事から少しの間だけ意識をそらすことです。イラっとしたら、100、97、94、91…と引き算をしていきます。

　そのうちに、数えることが簡単にできるようになるので、3ずつ引いていたのを7ずつ引くように変えてみる、あるいは英語で計算してみるなど、変化をつけて、複雑にしてみてもよいでしょう。

　数をかぞえてみるのと同様に、怒りの出来事と関係のない言葉を準備しておくという方法もあります。「今だけ半額！」「生麦生米なまたまご」など、全く関係ない言葉でかまいません。いざという時にすぐに使えればよいので、好きな言葉やユーモアのある言葉、語呂がよい言葉などを探して、あらかじめ準備しておきましょう。

（3） 一度その場を離れる

　自分を冷静に保てないと思ったら、一度その場から離れて、気持ちを落ち着けてから対応に戻るという方法もあります。怒った状態のまま対応しようとすると、売り言葉に買い言葉で余計な一言が出て相手を怒らせてしまったり、あとから「なんであんなことを言ってしまったのだろう」と後悔したりすることがあります。

　冷静に対応できないと思ったら、「続きは午後に話しましょう」とか、「私が気持ちを落ち着けるために5分だけ待ってください」などと相手に伝えて、一度その場から離れましょう。

　その場を離れている間は、怒りの出来事を考えたり、戻ったらなにを言おうかなどと頭のなかで作戦会議をしたりせず、自分の気持ちを落ち着けることを目指しましょう。

　利用者の介助で手が離せない時や家族の対応など、どうしてもその場を離れられない状況もあると思いますので、そのような時は頭のなかで数をかぞえるなど、その状況に応じて使えるものを活用してみてください。

リーダーを続ける自信がない

悩み事

上司の指示は理不尽だし、スタッフもわがままばかりで、リーダーを続ける自信がありません。

南野さん

木村

なんだか元気がないようですね。
今日は美味しいお茶をいれましょうね。

南野

ありがとうございます。
私はリーダーの仕事が負担なのです。仕事は増えるし、責任も増えるし、その割には給料も上がらないし…。

木村

リーダーになるのは、これまでの南野さんの仕事が評価されて、期待されているということだと思いますよ。

南野

都合よく使われているだけです。リーダーになっても、普通にメンバー業務をしながら勤務を調整して、他にも仕事が増える一方です。それなのに、ちょっとクレームがあれば責任がのしかかってくるし、スタッフもわがままばかりで、利用者にも気を遣って、自分のやりたい仕事はなにもできません。

大変なのですね。上司との関係も、部下との関係も、どちらも
気苦労が絶えませんね。

私はそもそもリーダーになんてなりたくなかったし、リーダー
を続ける自信もないんです。

リーダーを辞めたいと思っているのですか？

やりたくないけど、辞めるわけにもいかないし…。このままじゃ
ダメだと思うのですが、なにをどうすればいいのかわからなく
て、悩んでいます。

そうでしたか。南野さんは今の自分を変えたいと思っているの
ですね。
対応しなくてはならないことがたくさんあるようですが、その
前に、気持ちを落ち着かせてリラックスするための方法を試し
てみませんか？

私だって、たまには素敵なレストランに出かけたりして、スト
レスを解消したいと思いますが、仕事も家庭もいつも時間に追
われて、リラックスするなんて無理ですよ。

では、イライラする出来事が頭を巡っている状態から少しだけ、
思考をそらしてみるというのはどう？
例えば、このティーカップはどうかしら。感じたことをそのま
ま話してみてください。

え？　ティーカップですか？　えっと上品で素敵です。

色や触り心地や他に感じることは？

白くて、でもあたたかい感じ。そういえば、この紅茶はフレーバーティーですね。いい香り。

そうそう。そんなふうに目の前の物に意識を集中してみると、その間は、さっき話していたような嫌な出来事を、忘れていませんでしたか？

そういえば、そうですね。
話をしていた時は、この紅茶に意識を向けていなかったけど、意識してみると、全然見え方や感じ方が違います。おいしい紅茶ですね。

こんなふうに、少しの時間でも意識を今、目の前のことに集中してみると、嫌な出来事から離れられます。
他にも日常の生活のなかで、短時間で気持ちを切り替えられるような方法を練習してみると、きっと役に立つと思いますよ。

この方法はよさそうですね。家でも試してみます。

それから、なにをどうしたらよいのかわからないという悩みは、一つずつ具体的にしていくと解決できるかもしれませんよ。

うまくいかないことがいろいろあるんです。

例えば、会議に出席するようになったのですが、議事録がうまく書けなくて…。

あとは、スタッフの急な休みも多くて、勤務調整がむずかしいし、利用者や家族のクレームに対応するのも自信がないんです。

会議の議事録は慣れるまではむずかしいと思いますが、これまでの議事録を読んで、会議の前に必要な項目を書き出しておくと、会議のメモを取りやすくなりますよ。

予習が大事なんですね。

漠然と不安だと言っていても解決できませんが、少しずつ具体的にして、取り組んでいきましょう。スタッフの勤務の調整やクレームへの対応は、これという正解はありませんが、一つひとつ経験を重ねていくなかで、少しずつできるようになることもあります。きっと乗り越えられますよ。

解説

　組織のなかで、役割を担うことや職位が上がることは、これまでの仕事ぶりが認められた証です。しかし、南野さんが悩んでいるように、役割が増えるのに伴って負担も増えます。それがストレスとなり、メンタルヘルスの不調が生じることもあります。

　主任、ユニットリーダー、管理者、施設長など、職位や名称は違っても、職場のなかでリーダーになると、スタッフで働いていた時とは違う役割を担わなくてはなりません。すべてのスタッフに平等に接し、時にはスタッフを注意したり叱ったりしなくてはならない場面も出てきます。特定のスタッフと仲良しグループでいるわけにもいかず、孤独に感じることもあるかもしれません。

　でも、スタッフの立場になってみると、「私はリーダーになんかなりたくなかった。もう辞めたい」などと言っているリーダーの下で働きたいと思えるでしょうか。自分の職場に誇りを持って、いきいきと働くリーダーについていきたいと思うのではないでしょうか。

　リーダーという新しい役割を持つ、あるいは新しい職場や人間関係など、未知のことに向かおうとする時に、不安はつきものです。不安は感情の一つとして誰にでもありますが、こちらも怒りと同様、扱いにくいと感じる人がいるのではないでしょうか。

　不安とは、漠然としてわからないものへの恐怖です。漠然としたものを明確にしていくことで、不安そのものに対処できる場合もあります。例えば、「リーダーとしてうまくやっていけないかも」という不安は漠然としていますが、もう少し分析してみましょう。

　まずは、リーダーになったことで降りかかってきたストレスや不安を整理して、対処できるものからその解消に取りかかりましょう。

　南野さんが困っていた、スタッフが突然に休んだ時の勤務調整やクレームへの対応については、第2章で考えていきましょう。

（1）　目の前の物に集中する

　怒りや不安で頭がいっぱいになっている時は、いったんその出来事から離れて、目の前の物や五感に意識を集中してみてください。意識を、今、ここに集中させることで気持ちを落ち着かせます。

　南野さんが、手にしていたカップの色、形、質感、手触り、お茶の香り、あたたかさなどを感じていたように、目の前の物を見て、触れて、感じてみることで、意識を手のなかに集中するのです。

　外の通りを走る自動車の音、エアコンの音、注意して耳を傾けなければ気づかない音も耳に入ってきます。こうして意識を集中していると、次第に気持ちも落ち着いてくるでしょう。

（2）　自分で自分を励ます

　苦しい時に、誰かまわりの人が「大丈夫だよ」「頑張っているね」とあなたを励ましてくれて、気持ちが落ち着いた、という経験はありませんか。同じように、まわりの誰かが辛そうな時に、その人を元気づけようとして声をかけることもあると思います。

　イラっとして、勢いで相手になにか言ってしまいそうな時は、まず心のなかで自分を落ち着かせる言葉をかけてみましょう。「大丈夫、大丈夫」「落ち着け、私」など簡単な言葉を準備しておきます。

　他にも、「ヨシ！事態を好転させるぞ！」「リーダーの力のみせどころだ」など、前向きに物事に立ち向かえるような言葉も、あなたを勇気づけて、冷静な対応ができる助けになるでしょう。

　イライラしたり不安があったりして気持ちに余裕のない時は、鏡で自分の顔を見てみてください。口元が「へ」の字になったりしていたら、意識的に口角を上げて、笑顔をつくってみましょう。うつむきがちな時は背筋を伸ばして姿勢を正し、前を向きます。

　感情と表情の関係については、心理学では「表情フィードバック仮説」といわれています。「楽しいから笑う」というだけでなく、「笑うことで楽しいという感情が引き起こされる」というものです。表情や姿勢による脳への刺激が、快の感覚を錯覚するような効果があるといわれています。また、笑うことには、免疫力を高める効果があるといわれています。

　「辛い時ほど笑いなさい」と言われますが、経験的に理解できる部分もあるのではないでしょうか。

（参考）
　安藤俊介・デューク更家『アンガーマネジメント×怒らない体操　たった6秒で怒りを消す技術』集英社、2016年、18〜19頁
　守秀子「「笑う門には福来る」表情フィードバック仮説とその実験的検証」『文化学園長野専門学校研究紀要』第5号、2013年、61〜66頁

（3）　嫌な出来事はリセットする

　イライラしたまま仕事が終わって家に帰っても、まだそのイライラ
が続くような人は、一日の終わりに嫌な出来事をリセットする方法を
持っておくとよいでしょう。日々の生活のなかに負担なく取り入れら
れるものを、いくつか準備しておきましょう。例えば、あたたかい飲
み物でホッと一息つく、日記をつけて嫌なことは書いたら忘れる、夜
寝る時に「今日も頑張った！」と自分を労い、「一日無事に過ごせた」
と感謝して気持ちよく眠る、などです。

　人によって、また出来事の重大さによって、怒りの感情が持続する
時間はさまざまです。激しく怒ってもすぐに収まる人もいるし、悶々
と引きずる人もいます。大きな出来事が起これば長く怒りが続くこと
もあるでしょう。

　必要に応じて感情を切り替えられるように、練習してみましょう。

指導しただけなのにパワハラ？？

悩み事

スタッフを叱ったら、上司にパワハラだと
告げ口されてしまったんです！

北原さん

北原

スタッフが指示した仕事をしなかったから、叱ったんです。そ
したら、あとから上司に、「パワハラだと言われているから、
スタッフへの指導の仕方を改めるように」、と注意されてしまっ
たんです。

木村

それで、この相談室に来るように勧められたというわけです
か？

北原

そもそも悪いのはスタッフのほうなのに、僕が指導の仕方を変
えなくちゃいけないなんて、おかしいじゃないですか！

木村

少し状況を整理させてください。なにがあったのですか？

朝、スタッフに在庫が少なくなっている物品の発注を指示していたんです。夕方になって確認したら、まだやっていないというので、叱ったというわけです。

夕方までに発注するように、という指示だったのですか？

備品が人手の少ない夜間に不足すると、大変なんですよ。そのくらいすぐにわかりそうなものなのに、「忙しくて夕方から発注しようと思って…」とか言い訳して。そんな甘い考えじゃ困るんですよ。

それで、どんなふうに叱ったのですか？

叱る時はビシッと！言い訳は許しません。でも、恫喝（どうかつ）したりしませんよ。理性的に悪いものは悪いと教えないといけませんから。

叱るというのは、スタッフへ伝えるということなのです。パワーハラスメントと言われてしまったのは心外でしょうが、伝え方を工夫すれば、相手への印象も変わるのではないかしら。

それはそうですが、簡単な指示を守れないで叱られたらパワハラって、どう考えても悪いのはスタッフのほうなのに、どうして僕が変わらなくちゃいけないのかが納得できません。

それは、たとえ相手がどんなに悪くても、私たちは怒りで相手を変えることはできないからです。でも、自分の行動を変えることはできるのですよ。

北原さんが叱り方のスキルを磨いて、相手が納得できれば、きっとそのスタッフはあなたの有能な部下として働いてくれますよ。

もしかしたらスタッフには、急ぎの仕事だと伝わっていなかった可能性もありますね。

う〜ん。そのくらいは言われなくてもやってほしいと思いますけどね。当たり前の仕事ができないようなスタッフは困る。

スタッフを育てることもリーダーの役割ですよ。

使えない部下をいちいち育てていられませんよ。

部下をどう育てるのかも、リーダーの力量にかかっていますよ。他にも、スタッフに対してイライラしたり、かかわり方に苦労したりしているリーダーがいますから、今度いろんな人の話を聞いてみてはどうかしら？

解説

　上司のほうでは正当な注意や指導と思っていても、部下の捉え方は異なっている可能性があります。

　「注意する」「叱る」という言葉の意味を、相手が同じように受け取っていれば問題にはなりませんが、実際には一致しないことのほうが多いのではないでしょうか。一方は注意したと思っていても、相手は理不尽な叱責を受けたと思うかもしれません。

　ここでは、「怒る」ことを「伝える」ことと考えて、進めていきます。自分の気持ちを伝えたり、相手に変えてほしい行動について伝えたりするという意味です。これは「注意する」「指導する」「叱る」などと置き換えて考えることもできます。

　怒りを不適切に表出すれば、部下から敬遠されますし、上手に怒ることができれば、部下が育ちます。北原さんの事例は、少し極端にみえるかもしれませんが、怒ることを勝ち負けや上下関係として捉えている人もいます。こうした人は、怒る時は、「相手に口答えさせないように理詰めにして責める」「上下関係を明確にして服従させる」「納得がいかないのに怒らないのは負けだ」などと考えるようです。

　考え方に良し悪しはありませんが、怒り方・伝え方を誤るとパワーハラスメントと捉えられてしまう危険性もあります。訴えられるようなことにならなくても、スタッフが信頼してついていこうと思うようなリーダーになるためには、世の中には違う考え方の人もいるのだということを知っておくほうが、柔軟に物事を捉えられるのではないでしょうか。

（1）　思考を一時停止する

　怒った時に、頭のなかに考えが浮かんできて止まらなくなったら、心のなかで「ストップ！」「止まれ！」などとかけ声をかけて、思考に区切りをつけます。頭のなかを空っぽにする、白紙に戻すというイメージです。

　目の前で見過ごせない事態が発生して、「どうして期限を確認してくれなかったのか」「いつも勝手にやって指示通りになっていない」「こんな仕事ぶりでは困るじゃないか」など、あれこれ言いたいことが溢れ出てくるような時に、一度思考を止めて、冷静に伝えることを整理しましょう。

　また、このテクニックは、怒りを引きずっていつまでも悶々と考え込んだり、過去の出来事を思い出してムカついたりする場合にも有効です。頭のなかであれこれと嫌な出来事が巡ってしまい、仕事に集中できない、あるいは嫌な考えを止められない、という時は、いったんグルグル巡る思考を止めましょう。

　人によっては、気がかりな出来事の場面が、何度も頭のなかに映像として再生されるような状況になりますが、一定の時間で思考を切り替えることが大切です。

（2）　自分と相手の価値観を両方みてみる

　自分にとって当たり前と思っていることを意識するのは、むずかしいものです。怒った時は、その当たり前と異なる出来事が起こっている状況ですから、自分の価値観をみつめる機会になります。自分はなにを大事にしていたのか、なにを相手に期待していたのかを考えてみましょう。そして、相手はどう考えていたのだろうか、自分の考えとなにが異なるのかと、推察してみましょう。そうすることで、なにに怒っていたのか、相手になにを伝えればよいのかが、明確になってきます。

　自分と相手のズレがわかれば、解決の方法もみえてきます。日中に物品の発注を指示するなら、「何時までにやってください」と一言添えるという方法もあるのです。

自分と相手の価値観の違い

自分の価値観・期待	相手の価値観
朝、スタッフに物品の発注を指示したことで、日中に発注してくれるものと思っていた。	朝、発注の指示を受けて、その日の仕事がひと段落したら取りかかろうと思っていた。
納品まで数日かかることを逆算してくれているだろうと思っていた。	急ぎの指示なら、「いつまでにやって」と言われるだろう。
夜勤の時に物品が足りなくなったら困る。他のフロアから借りたりしたら迷惑だし、自分の管理能力が低いと思われる。	いつも使っている消耗品だから、一時的に不足しても、他のフロアから借りるという方法もあるだろう。

（3）　一日怒らない自分を演じる

　怒らない自分を演じる、という方法もあります。

　朝から勤務が終わるまで、その日は一日なにがあっても怒らず穏やかに振る舞います。「今日は、一日怒らないで過ごします」と、周囲のスタッフに宣言してください。その時にどんな感情が沸き起こってきたとしても、「今日は怒らないぞ」と自分に言い聞かせて、穏やかに振る舞います。

　仕事をしていれば、何事もなく穏やかに過ごせる日などほとんどありませんし、怒らないことがむずかしいと感じるかもしれません。そんな時は、演技をすると割り切ってもかまいません。

　怒っている時は、怒ることで相手を反省させ、相手の行動や考え方を変えさせようとしがちです。しかし、感情的になって怒鳴ったり、相手を攻撃したりすることで怒りを表出しても、相手の行動や考え方がすぐに変わるとは限りません。ここでは、自分が変わることで、相手の反応がどう変わるのかを体験することが重要です。

　初めは表面的な演技だとしても、時間を決めて繰り返し試してみることで、自分の怒り方を少しずつ変えていくヒントが得られるのではないでしょうか。

（参考）
　安藤俊介『アンガーマネジメント入門』朝日新聞出版、2016年、83～86頁

まとめ

　相談室を訪ねてきた4人のリーダーは、キャリアも考え方も悩みも異なります。人は感情にも、その表出の仕方にも、それぞれに癖があります。この癖については、なかなか自分では気づきにくく、また周囲の人からどう見られているのかも、自覚とは異なる場合があります。そして、その癖によって、対処法も変わります。

　怒ること自体が悪いわけではありませんが、怒り方によっては、周囲の人を不快にさせたり、リーダーとしての信頼を失ったり、あるいは自分が苦しくなったりする場合があります。そこで、自分の怒り方の癖を知って、怒りに対処するテクニックを意識して練習していくと、上手に怒れるようになります。

　怒りの頻度が高い、怒りが持続するなどといった傾向があるようなら、怒り方を変えてみましょう。

　朝から晩まで怒ってばかり、怒りの頻度の高い東山さんは、ささいなことに怒って、スタッフとの関係性が険悪になってきていることに悩んでいました。しょっちゅう怒っている人は、自分がどんなことに怒っているのかを書き出して、不要な怒りは受け流す、そしていざという場面でしっかり怒るというメリハリをつけるとよいでしょう。

　また、西川さんは、すぐに怒ってしまうという反射的な言動を、あとから悔やんでいました。このように、すぐに怒ってしまう人は、反応を数秒間遅らせる練習をするのがお勧めです。反射的な言動だけでなく、強度が高く一気に怒りが爆発して誰にも止められないような人は、0か10かという極端な考えから、0と10の間には、4や5などの中間の数字があることを意識してみてください。怒っていない状態と、爆発した状態の両極だけでなく、怒りには幅があります。

　怒りが長時間持続したり、過去の出来事を思い出して怒ったりする人もいます。また、南野さんは、怒りだけでなく不安もあって悶々と悩んでいました。嫌な感情を引きずってしまう人は、上手に気分転換し、ストレス対処の方法を準備しておくとよいでしょう。

　怒りをもって相手を攻撃する北原さんは、ハラスメントの危険性を指摘されてしまいました。怒りが相手への攻撃として表出されると、相手がスタッフの場合は、パワーハラスメントやいじめの問題を引き起こし、相手が利用者の場合は、虐待につながる危険性があります。これは、手をあげるような身体的な暴力行為だけでなく、暴言や言葉の暴力、あるいは嫌味なども含まれます。その攻撃が自分に向かって、自分を責めてしまう人もいますし、物を乱暴に扱ったり、ドアを強く締めたりと、なにか物に当たってしまう人もいます。

　怒りは、闘争のための攻撃性を備えた感情ですが、そのまま攻撃として感情を表出すると、信頼や人間関係を失うことにもなりかねません。怒りのエネルギーを攻撃でない形で活用して仕事の成果につなげられるよう、反射を遅らせ、冷静に相手の考えに耳を傾ける練習をしていきましょう。

　自分に合った対処法を身につけることは、自分の感情に上手に向き合い、怒りに対処するスキルを上達させる近道です。ですから、時々自分でチェックしてみたり、まわりの人に聞いてみたりして、怒り方の癖を客観的に分析してみるといいでしょう。

第2章

事例で学ぶ
アンガーマネジメントの活用法

1

職場の人間関係

不機嫌な人がいると職場の雰囲気が悪くなる

悩み事 職場で、利用者への文句、スタッフへの陰口、職場への不満、とにかくネガティブな発言ばかりするスタッフがいて困っています。

東山 一部のスタッフが、利用者への文句や、スタッフに対する陰口、職場の不満などを話していて、とても不快な気分になります。影響力のある中堅スタッフなので、若手のスタッフは同調して聞いていますが、それもストレスで、聞きたくないけど言い出せないという状況もあるみたいなのです。

木村 それは、職場の雰囲気が悪くなりますよね。
若いスタッフも苦痛でしょう。

いろいろ不満はあると思うのですが、いつも不機嫌な様子で他のスタッフが気を遣っている感じがします。
先日、若手のスタッフから相談があって、チーム内の同僚の悪口を聞くと、自分がいないところでは、同じようになにか言われているのではないか、と不安になるというのです。

 それはなんとかしたいですね。

 実は私もリーダーになってから、あれこれ悪いところが目について、毎日怒ってばかりでしたから、この相談を受けて、私もスタッフに嫌な思いをさせていたのかと、反省しています。
悪口や陰口はスタッフにとっても悪影響だし、他のスタッフが働き辛いのはよくないと思います。

 今の状況をどう改善したいと考えていますか？

 そのスタッフに、利用者やスタッフの悪口を言うのをやめてほしい！でも、そうしたら「悪口なんて言いません」と反論されるのが目にみえているし、あとから私の悪口やうわさを流されないかと心配です。

 なかなか手ごわいですね。

 なにしろ影響力があるんですよ。

 影響力のあるスタッフだったら、その人を味方につけるというのはどうかしら。

解決の糸口 ┈┈➤ 感情は伝染する

解説

　職場に不機嫌な人が一人いるだけで、その場全体が重苦しい雰囲気になってしまいます。嬉しい知らせが届けば歓喜の声が上がり、楽しい話題のなかにいれば自然に笑みがこぼれるように、感情は人から人へと伝染していきます。これを情動伝染と呼びます。

　厄介なことに、ポジティブな感情よりもネガティブな感情のほうがより伝染力が強く、不機嫌な人がいると職場全体の雰囲気を悪くしてしまいます。また、不機嫌な人は、感情を表情や態度に出して「言わなくてもわかってほしい」という無言の訴えをしている場合もあります。本人はまわりを不快にさせていることに、気づいていないこともあるのです。

　不満やイライラが蔓延する職場では、その感情が他のスタッフに伝染して悪循環をきたします。私たちは、他人の怒りを受けて、無意識に他の人にそれをぶつけて、負の連鎖を広げてしまうことがあります。八つ当たりといえば、イメージしやすいかもしれません。

　怒りやイライラが広がっていくことに、なにも益はありません。そこで、感情は伝染していくものだと知ることが、この悪循環から抜け出す第一歩になります。不穏な感情の伝染から離れ、新たな伝染を防ぐことが肝要です。

■ 自らチームのムードメーカーになろう

　怒りを受け取っても、不用意に他に流さずに、自分のところでこの悪循環を止めましょう。愚痴や不満や不機嫌など、雰囲気を悪くしている要因はいったん棚上げして、代わりに、楽しい話題ややる気を起こすような動機づけを意識し、職場をポジティブな雰囲気で包み込むのです。

　楽しかったこと、うれしかったこと、好きなもの、好きなこと、スタッフが頑張っていること、手伝ってもらって助かったことなど、笑顔が広がるような話題、声かけを工夫してみましょう。

　また、考え方を少し変えてみると、職場の不満は、上手に転換すれば改善のヒントが隠れているかもしれません。また、影響力のあるスタッフであれば、職場をプラスに動かすための力になってくれる可能性もあります。

　チームワークをよくしたい、楽しく働ける職場にしたい、そのために力を貸してほしい、アイデアを出してほしいと、スタッフを頼ってみてはいかがでしょうか。

スタッフ間の意見対立や厳しい後輩指導にヒヤヒヤ

悩み事 チームのなかに意見が対立するスタッフがいて、勤務の調整に頭を抱えています。仕事は協力してほしいのです。

 西川 チームのなかにウマの合わないスタッフがいて、ささいなことで意見が対立したり、他のスタッフのやり方を非難したりもするので、困ってしまいます。

 木村 スタッフ同士で、いさかいが起こるのですか？

 西川 本当にささいなことで、ぶつかってしまうんです。先日は、食事で出したみかんをお皿にのせるかどうかで揉めているのです。利用者さんたちも全然気にしていないみたいだし、私はどっちでもいいんですけど。

皮のある果物をお皿にのせなくてもいいような気もするし、直接置くのは衛生的でないような気もするし、人それぞれに気になるところが違うのでしょうね。

他にも、若手のスタッフへの指導で苛立っていることが多いスタッフがいて、例えば、ベッドメイキングを何度やってもしわになってしまう若手スタッフがいて、そうした時に、だんだん指導の口調がキツクなるので、そのうちに、いじめに発展するのではないかと心配です。

技術を習得するペースも、人それぞれですものね。
それで、西川さんはリーダーとして、そのスタッフにどんな対応をしているのですか？

「協調性を持って仕事をしてほしい」と伝えても、全く改善する気配がなくて、もういい加減にしてほしいです。

そうですか。それでは、少し発想を変えてみましょうか。
そのスタッフがささいなことにイライラしやすいのは、その一つひとつの出来事はきっかけでしかなくて、もっと他に辛いことがあったり、悩みを抱えていたりするのかもしれません。

確かに、いつもピリピリしていて、気持ちに余裕がないようにみえます。

そのスタッフの心を風船にたとえてみましょう。その風船がパンパンに膨らんだ状態だとしたら、破裂する前に、少し空気を抜いてあげる、ガス抜きをしてみてはどうかしら。

解決の糸口 ···→ 怒りの背後のストレスに対処する

解説

　同じ出来事に遭遇しても、怒る人もいれば怒らない人もいます。怒りが生じる仕組みには、コアビリーフという一人ひとりが持っている価値観が影響していて、自分の価値観に照らして理想的な状態と目の前の現実とにギャップがあると、感情を発動させるのです。

　「食べ物をテーブルなどに直接置いてはいけない」と思っている人もいれば、みかんやバナナなど皮付きの果物やゆで卵は、お皿にのせなくても気にならない人もいるでしょう。自分の生活のなかで「普通」と思っていることが、人によっては少し異なっていることが、人と人との意見の食い違いを生む場合もあるでしょう。

　そして、同じ状況において怒るか怒らないかを左右する要因は、他にもいくつかありますが、一つに心の余裕があります。小さなイライラの出来事も、積み重なれば大きくなります。ちょっとした意見の対立や考え方の違いが重なると、相手の言動すべてが目について、批判的にみてしまうこともあるものです。

　忙しい、疲れている、家庭や職場外の人間関係の悩みがある、などいろいろ抱えている時に、普段なら配膳の方法が自分のやり方と多少違っても大目にみられるのに、心に余裕がないために、そのやり方が許せないということもあります。

　新しいスタッフにベッドメイキングを教えて、余裕がある時なら、「新しいことをできなくても、そのうちに上達する」とおおらかな気持ちで見守ることができるのに、余裕がない時には、シーツのゆるみが気になってしまうのです。

■ 溜まった感情を解消しよう

　もし、疲労や悩み事など、ストレスがかかった状態でイライラしやすいスタッフがいたら、その時に怒っている出来事だけをみて解決しようとしても、次々に意見の対立やトラブルが出てくる可能性があります。心を風船にたとえてみましょう。疲労や悩み事などでこの心の風船が膨らんでいるとしたら、風船が破裂する前に、ちょっとガス抜きをするほうが効果的ではないでしょうか。

　「チームの一員として協調性を持って」と指導することも必要でしょうが、時には「疲れているのでは？」と体調を気遣う声がけのほうが、相手に響く場合もあります。悩み事を聞いたり、雑談や気楽な話題を提供したりする、というように、かかわり方を工夫してみるのもよいのではないでしょうか。

　この心の風船に溜まった感情は、スタッフ同士の問題だけでなく、利用者との間での出来事も関係しているかもしれません。介護の仕事は、感情を統制することが求められ、つい最近まで利用者に対して感情を表すことがタブー視されてきました。しかし、利用者から暴言を浴びたり、介護を拒否されたり、時には手加減なしに殴られそうになったり、爪を立てられたりすると、スタッフは傷つきます。

　安全な場で素直な気持ちを吐き出すことで、心が軽くなり、また利用者に向き合い、スタッフ同士が協働する元気がわいてくるのではないでしょうか。

リーダーに対するスタッフの風当たりが強い

悩み事　リーダーになって、スタッフからの風当たりが強くなったような気がします。勤続の長い非常勤のスタッフに嫌味を言われたり、批判されたりして、職場での居心地が悪いです。

南野　リーダーになって、いろいろと事務仕事や会議が増えたことも大変ですが、なによりスタッフとの関係性を保つことが一番ストレスなんです。

私も私なりにリーダーとして頑張っています。ストレスへの対処法も試してみたりして、なんとかリーダーの仕事を続けていますが、スタッフからの嫌味は心が折れそうです。

木村　人間関係って本当にむずかしいですよね。

南野　どうしたらよいでしょうか。

私はこのスタッフの嫌味が、本当に苦痛です。

木村
確かに、嫌味を言われたら嫌な気分になりますよね。
批判や嫌味の原因の一つに、ひがみやねたみがあるかもしれません。

南野
私、ひがまれるようなことをしたのでしょうか。リーダーだってなりたくてなったわけでもないのに。

木村
そのスタッフが、リーダーになりたかったかどうかはさておき、身近な人の昇格をうらやむ気持ちがわいてくるのは、自然なことだと思います。
でも、相手がどう思おうとも、それは他人がコントロールできるものではありません。

南野
では、どうにもできないということですか？

木村
そういうわけではありません。
相手の気持ちを理解しようとしたり、自分の立ち居振る舞いを変えたり、自分のできることで相手との関係性が変わるかもしれませんよ。

解決の糸口 ·····▶ **身近な人を攻撃しやすいことを認識する**

解説

　怒りには、身近な人に対して強く感じやすいという性質があります。テレビに出るような有名人が活躍している姿を見て、ひがんだりする人はほとんどいないでしょう。でも、身近な人に対しては、つい自分と比較してしまうのです。

　介護福祉士やケアマネジャーなど、資格試験を受けて、残念ながら不合格になったとしても、また目標に向かって頑張ろうと気持ちを切り替えられればよいですが、同じ職場の同僚が合格したと知ったら、なぜだかうらやましく思ったり、ひがみやねたみがわいてきたりするかもしれません。職場で、自分よりもあとから就職してきた人がリーダーに抜擢されたとしても、同様です。

　人とのかかわりは、お互いに影響し合うので、相手の言動に気持ちが揺さぶられることもあります。でも、相手の言動をコントロールすることはできません。

　ここで、出来事を分析するための、一つの分岐点があります。自分でコントロールできないことにヤキモキしても、なにも変わらないという点です。私たちは、他人をコントロールすることはできません。ですから、自分でコントロールできないことを変えようとしても、無理なのです。

　とはいえ、誰かに批判され、嫌味を言われることを受け入れ続けなければならないわけではありません。自分の考え方や言動は、自分でコントロールできます。私たちは、自分がどう行動するか、どんな態度をとるかを、自分で決めることができるのです。

■ 理想的なリーダー像の役を演じてみよう

　もし、あなたが努力して成果を上げたことや、リーダーに抜擢されたことを、ひがんだりねたんだりする人がいるとしても、それは相手の問題ですから、あなたは堂々と振る舞っていればよいのです。ただし、それは高圧的な態度をとる、ということではありません。不慣れなことで不安があると自己開示してみる、そのスタッフの得意なことを頼ってみる、承認するなど、そのスタッフの特徴をつかんでかかわるという方法もあります。

　どのように立ち回ればよいかが定まらない時は、誰か理想的なリーダー像を描いて、その役を演じてみてはどうでしょうか。職場に人望が厚く、いつも穏やかで冷静な、真似したいと思うような人がいたら、じっくり観察して、身だしなみ、表情、言葉遣いなど、その人になりきって演じてみましょう。イラッとするような場面があっても、あの人だったらどういう対応をするだろうか、なんと言うだろうか、などと想像してみます。

　形から入っても、演じているうちにそれが板についてきます。演じてみて、しっくりこなければ観察不足かもしれません。さらに演技を磨くか、あるいは演じる役を変えてみる手もあります。著名人や歴史上の人物をイメージして演じてみるのもよいでしょう。

　そのうちに、チームのなかでのリーダーとしての振る舞いが身についてきます。リーダーとしての対応や的確な指示が板についたら、チームのスタッフも、あなたをリーダーとしてみるようになります。一時的なひがみは自然に消失しているでしょう。

逆ギレするスタッフへの対応がむずかしい

悩み事　注意すると逆ギレするスタッフがいます。仕事なのに謙虚さに欠ける態度に、こちらも腹が立ちます。

北原　態度の悪いスタッフがいて困っています。

業務のなかでちょっとした確認ミスがあって注意したら、すぐに不機嫌になってしまうのです。大きな事故やクレームにつながってはいけないので、必要なことだと思って注意しているのに、言い訳したり、口答えしたり、責任転嫁したりして、最後には不機嫌になって逆ギレです。

木村　相手のために注意しているのに、不機嫌になってしまうと注意する方も疲弊しますね。

そうなんです。態度が悪いとこちらもムカムカしてきて、教える気が失せるし、こっちがキレそうです。
もう少し謙虚な態度で聞いてもらえないものでしょうか。

確かに、謙虚な態度で注意を聞き入れられるほうが、仕事を教えてもらう側にとっても有益ですよね。
でも、それが上手くできないのはどうしてだと思いますか。

素直じゃないんですよ。プライドが高いのかな。自分の不注意なのに自分は悪くないという態度で、「それは指導してもらっていません」とか言うのです。改善しようという姿勢が全く感じられません。

要因はいろいろありそうですね。
一つ言えることは、注意を受けたスタッフは、注意を聞き入れるだけの心の余裕がないのかもしれません。
動物が敵に襲われそうになった時に、相手を威嚇したり攻撃したりして、自分の身を守ろうとするでしょう。同じように、そのスタッフも、聞き入れる準備ができていないところにあれこれ言われて、反発するしか方法がなかったのかもしれません。

…確かに、そういう見方もできますね。

もっと謙虚に注意を聞き入れる姿勢を持ってほしい、と思うのもよくわかりますが、相手を変えるのはむずかしいことです。
相手の態度にイラッとする自分の感情を上手に落ち着かせて、相手を脅かさない指導の方法を考えてみてはどうかしら。

解決の糸口 ┈┈> 怒りは防衛の反応である

| 解説

　逆ギレされるとこちらも不快になりますし、「せっかく教えているのに」という徒労感もあるかもしれません。でも、相手にとっては、それが精一杯の対応だったという可能性もあります。

　怒りは、自分の身を守るための感情です。動物が敵に襲われそうになると、脳内にアドレナリンが分泌され、戦闘体勢をとります。動物が吠えたり唸ったりして威嚇するような状況です。

　人も自分の身に危険を感じると、自分の身を守ろうとします。感情的になって口答えしたり言い訳したりして、自分がそれ以上責められないように、傷つかないようにしているのだとしたら、それ以上詰め寄っても、建設的な話し合いにはなりません。

　ここで確認しておきたいことは、逆ギレされたと思う時、その場面では、こちらも怒っていたということです。

　指導を受ける側の態度として、もっと謙虚に聞く姿勢を持つとか、改善しようとする意欲を示すとか、相手に求めたいことはあると思いますが、相手はその場にいるだけで精一杯、という可能性もあるのです。こちらは「注意している」「指導している」のであって、相手を非難しているつもりがないとしても、相手が責められたと思って防衛を強めようとすれば、こちらの期待するような反応からは遠ざかってしまうでしょう。

■ 相手の逃げ道を残しておこう

　逆ギレするスタッフに、どう対応したらよいでしょうか。相手が不機嫌になれば、こちらも神経を逆撫でされ感情的になってしまうかもしれませんが、そんな時は、反射的に言い返したり声を荒らげたりしてはいけません。まずは、自分の冷静さを取り戻しましょう。

　そして、高圧的にならないように言葉を選び、相手を脅かさない伝え方を工夫しましょう。また、仕事上の注意や指導をする時は、相手を懲らしめるのが目的ではありませんから、相手に逃げ道を残しておくぐらいの心づもりで対応しましょう。

　注意・指導する際の言葉の選び方で、気をつけたいことがあります。「いつも」「絶対」「必ず」など、一方的に相手を決めつけてしまうような言葉は、反感を買います。言われた相手も「いつもじゃない」と反論したくなるかもしれません。「前から思っていた」など、過去を持ち出すのも控えましょう。怒った勢いであれこれ言いたくなっても、その時に伝えるのは、指導しようとしていた内容だけにしておきましょう。

　また、「なんで？」というのも、否定的な印象を与える場合があります。「なんでできないの？」を「どうしたらできるだろう？」に言い換えて、一緒に前向きに改善策を考える姿勢を示してみましょう。

イライラしがちなスタッフへの対応がむずかしい

悩み事　以前は穏やかだったスタッフが、最近イライラしていることが多く気になっています。以前よりも仕事の効率も悪くなっています。

西川　ちょっとしたことで、厳しく当たるスタッフがいるのです。先日は若手のスタッフに叱責して、でもささいなことでそんなに目くじらを立てるようなことでもないのです。

南野　あまり厳しく指導するのは、若手のスタッフも萎縮してしまいますね。

西川　そうなのです。若手のスタッフも萎縮するし、職場の雰囲気も悪くなるので、そのスタッフに感情的にならないようにと注意したところです。以前はもっと穏やかだったのに、最近はイライラしていることが多くて、気がかりです。

本来の様子と違うように見えるということは、イライラの背景になにか別の要因が潜んでいる可能性がありますよ。例えば、身体に不調があったり、私生活で悩みや問題を抱えていたりすることもあります。

 もしそうだとしたら、本人の気持ちに余裕がないところに、注意するのは逆効果で、本人を追い詰めてしまいますね。

 メンタルヘルス不調のサインとして、イライラしやすくなることもあります。でも、本人が気づいていないのかもしれません。

 本人も思うように物事が進まないようで、仕事の効率も悪くなっているようにみえます。

 本人の心身の状態を確認して、必要なら専門の医療機関への受診を勧めてみるなどの対応も必要ですね。

解決の糸口 ⋯⋯▶ 背後に別の問題が潜んでいる可能性

解説

　怒りっぽくなる、イライラしやすくなるといった変化の背後に、メンタルヘルスの不調が潜んでいる場合があります。仕事や生活のなかでトラブルや悩みを抱え、気持ちに余裕がなくなると、何をやってもうまくいかない、ささいなことが引っかかり、周囲の人のちょっとした言葉に過度に反応してしまうことがあります。イライラしやすくなる、怒りっぽくなるというのはメンタルヘルス不調のサインのひとつと捉えることもできるのです。

　もちろん怒りっぽいからというだけで、病気と決めつけることはできません。しかし、怒りっぽくなっている本人も自分の状態を客観的にみることができず、何がうまくいかないのか、どのように対処したらよいのかがわからないでいる場合があります。

　イライラしている・怒りっぽいことの背後には、なにか不安なことがあったり、焦っていたりという本人も自覚していないような感情が溜まっている可能性があります。あるいは、疲労や寝不足など身体的な不調を抱えていることもあります。そうした背景を察する姿勢が大切です。

　介護現場における慢性的な人材不足に感染対策が加わって心理的な負担が増し、スタッフが心身ともに追い詰められていたという事業所もあったのではないでしょうか。このような状況を受け、介護の事業所では、メンタルケアの対策が重要な課題となっています。メンタルヘルスを保つためには、スタッフ個人のセルフケア、ラインのケア、組織的なケア、組織外の資源の活用などが掲げられています。

■ 相手を理解しようとする姿勢

　イライラした人がいると、その場の雰囲気が悪くなります。感情は周囲のスタッフにも伝わっていくので、その人に対して嫌な気持ちになってしまうこともあります。それ自体は自然なことですが、こちらが対応に困ると感じる相手は、たいていその人自身がなにかに困っています。

　リーダーには、スタッフの変化に目を配り、声をかけ、必要な支援につなげる役割があります。具体的に病気の症状が認められなくても、「あれ？どうしたのかな」「最近様子が違うな」という気づきが早めの対応につながります。

　職場のなかで、利用者への対応に苦慮していたり、職場や人間関係への不満があったり、スタッフへの指導に苦労していたり、仕事の様子をみていてわかるものばかりでなく、すべての人は仕事でも私生活でも様々な事情があり、他者からみえるのはその人の一部だけです。

　スタッフの業務の効率が悪くなっていると、周囲の負担が増え、他のスタッフが苛立つこともあります。自分に気持ちの余裕がないと、スタッフに対して優しくなれません。スタッフが怒りっぽくなっているとき、スタッフの仕事がうまく回らなくて自分もイライラするときは、どこかに不具合がありそうです。

　怒りっぽいスタッフに気づいたら、その人はケアが必要な状態なのだと頭の片隅においてください。怒りの感情をうまく扱えなくなっている状態は、メンタルヘルスの不調が関係しているかもしれません。スタッフのストレスケアやメンタルヘルスへの対応については、第3章で解説します。

多様な人材と共に働く・常識が通じない

 悩み事 シニア人材や外国人材の介護職員と一緒に働くなかで、文化や習慣の違いから、長く働いているスタッフがストレスを感じています。

 東山 最近私の部署に外国籍のスタッフが入ってきたのですが、一緒に働くのは、むずかしいですね。以前から働いているスタッフがストレスを感じているようで、チームをまとめていくのがむずかしいです。

 北原 日本語の勉強も頑張っているし、業務をわかりやすく伝える工夫をすればよいのでは？

 東山 そう言っても、文化や習慣が異なるというのは大変なのです。日本人なら言わなくても通じるようなこと、常識が通じないから、どうしたら伝わるのかがむずかしい。

北原　僕は外国籍のスタッフよりも、シニア人材のスタッフのほうが対応に困っています。同じ日本人なのに専門用語が通じないし、勝手なことをするし、仕事を頼むと体力的にできないと言われるし、仕事なのだから年齢に関係なく同じように働いてほしい。

東山　年をとると若い人と同じというわけにはいきませんよ。でも人生経験やこれまでのキャリアが役立つこともありますよ。

木村　多様な背景を持つスタッフと一緒に働くと、やりにくいこともありますよね。私たちは慣れ親しんだやり方を変えるのには抵抗があります。でも、人と違うと気づいたときは、自分が当たり前にやってきたことを見直すチャンスでもあります。
これまでのやり方に合わせてもらうだけでなく、相手が力を発揮できる方法を考えてみてはどうでしょうか。

東山　確かに、業務を見直して標準化する必要がありますね。これまで当たり前に使っていた専門用語を見直してわかりやすい言葉に置き換えてみます。

北原　みんなが同じ業務をしなければいけないというのも思い込みでした。その人の体力や経験に応じて、できる仕事を採配してみます。

解決の糸口 ……▷「当たり前」を見直す

解説

　高齢化に伴い介護の需要が高まり、介護の現場には多様な人材が集まっています。人のために働くという魅力のある仕事として、セカンドキャリアの職業として選ばれ、シニア人材の積極的な雇用も推進されています。一方で若い人材も入ってきます。自分が若い頃はこうだったという常識が通用しないという経験もあるのではないでしょうか。

　また、需要に追いつかない慢性的な人材不足を補うために、外国人材の受け入れも進んでいます。EPA（経済連携協定）によるインドネシア・フィリピン・ベトナムからの介護福祉士候補者の受け入れ、技能実習生等の受け入れ、介護福祉士の資格を持つ在留外国人、介護分野の専門性・技能を有する在留外国人（特定技能1号）など、複数の制度によって介護現場の外国人材が活用されています。

　介護職は、年代や知識、技術、また体力などに差があり、社会経験や職業経験も多様化しています。さらに国籍や文化背景、語学力も異なる人材の受け入れも増えています。そうしたなかで現場のリーダーには、物事の考え方が異なるスタッフをまとめて、個々の能力を発揮できる組織づくりが求められます。

　しかし、考え方が異なるスタッフの間に入ってまとめ、個々に考え方の異なる利用者に合わせて対応し、人と人とを調整するのは容易なことではありません。また、何より自分の常識が通じない相手の反応に対して動揺したり、イライラしたりすることもあるのではないでしょうか。

■ 自分の「常識」を見直そう

　自分と物事の考え方が異なる状況に、これまで意識していなかった「常識」や「普通」という価値観が揺らぐことがあるでしょう。自分の常識が通じないときは、相手にとってもその人なりの常識が通じないという状況で、お互いにしっくりこない感じがあるのです。自分の常識から外れていると感じたとき、それは自分にとって当たり前で意識していなかったことを改めて考えるチャンスです。

　例えば「挨拶をする」「身だしなみを整える」「時間を守る」「報告・連絡・相談をする」など、介護の仕事をする上での常識も、人によって常識の範囲が異なります。時間の感覚が異なる人に対して、「時間を守って」と言っても、相手は時間を守っていると思っているかもしれません。相手の文化的な背景、生活習慣、キャリアなど、さまざまな要因が影響します。

　業務のひとつをとっても、相手に伝えたいことはなにか、どのように伝えたらよいかと考える必要があります。それは、自分にとっては意識してこなかった自分の常識を見直す作業です。私はどうしてほしいと思っているのか、何を大事にしているのかと改めて考えてみます。自分ではこれが「常識」「普通」「当たり前」と思っていたことが、改めて考えてみると不合理なことかもしれません。少し大目にみたとしても、「せめてこれだけは守ってほしい」ということもあるでしょう。

　多様な価値観を持つ人と一緒に働くには、自分の考えを押しつけるのではなく、自分にとって譲れないこと、おおらかに見てもよいことを見極める必要があります。自分にとって譲れないことが明確になると、その他については自分と異なる考え方を受け入れられるようになるのではないでしょうか。自分と異なる考えに興味を持つことができれば、それがよい意味で刺激的かもしれません。

まとめ　職場の人間関係

　どこの職場でも、人間関係になにかしら課題があります。特に介護の仕事は、複数の利用者を複数のスタッフがチームで介護していきますから、チーム内の協力は不可欠です。しかし、多くの職場では、職員間のハラスメントやいじめなどの問題を抱えています。

　介護労働安定センターの調査によれば、介護関係の仕事を辞めて別の介護関係の職場に就職した人の仕事をやめた理由は、「職場の人間関係に問題があったため」が最も多いという結果でした。

　給与や待遇、利用者や家族への対応、体力的な問題など、介護職のさまざまな課題のなかでも、職場の人間関係は勤務継続を左右するといえます。たとえ仕事が忙しくても、スタッフ同士の人間関係がよければ、乗り越えられることもあります。反対にいじめやハラスメントが蔓延する職場では、働くことが苦痛になってしまいます。毎日顔を合わせるスタッフ同士は、お互いのことを理解しているようで、実は理解しがたいことも多いものです。ちょっとしたコミュニケーションの行き違いが、いつの間にかチームの人間関係の歪みをつくってしまう危険性もあります。

　介護リーダーには、チームをまとめていく役割があります。日々の業務を采配するだけでなく、スタッフがいきいきと働けるように、一人ひとりに目を配るとともに、チーム全体がまとまって大きな力を発揮できるチーム運営を目指していきましょう。

（参考）
公益財団法人介護労働安定センター『令和3年度「介護労働実態調査結果」』2022年
田辺有理子「ストレスとは何かを知り「気づき」を確かに得られる環境を整える」『看護』2017年6月号（Vol. 69、No. 7）、日本看護協会出版会、79～82頁

2

仕事の基本・ルール

事例

SNSは便利だけど利用法が気になる

悩み事　メールでの連絡やSNSによる情報発信に関して気になる
ことが多く、イライラが絶えません！

木村　今日はみなさんお揃いですね。
なにか気になることがありましたか？

東山　勤務変更や休みの連絡を、SNSで送ってくるスタッフがいま
す。その連絡方法はどうなのかと思いつつ、電話で連絡するよ
うに注意したほうがよいのか、それとも今どきはそういうもの
で、こちらが受け入れなければならないのか、悩んでいます。

北原　電話はすぐに出られないこともあるし、SNSなら確実に休み
の連絡が履歴に残るから便利ですよ。今どき電話でなければい
けないというほうが、ナンセンスだと思いますけどね。

でも、メールやSNSの連絡だと、詳しい状況を確認したくても電話のように確認することができないから、私は電話をもらうほうがいい。

 以前は電話での連絡が当たり前でしたけど、最近はほとんど電話を使わないという人もいるみたいですよ。
私は、SNSでスタッフ同士のやり取りが気軽にできるようになった反面、公私の区別が曖昧になっているような気がして、それを不快に思う時があります。

 確かに、休みの日に次の出勤日に報告してくれればいいことをメールで報告されると、プライベートの時間でも仕事の思考に切り替わってしまうので、イラッとします。

 嫌だったら既読無視で返信しなければいいのに。

 そんな、無視するわけにもいかないでしょ！

 まぁまぁ。こんなふうにイラッとする背後には、「すべき思考」が隠れている場合があるのですよ。西川さんは「勤怠の連絡は電話ですべき」と思っているし、東山さんは、「スタッフからのメールにはすぐに返信すべき」と思っていますよね。東山さんのように思っていれば、北原さんのような既読無視という意見には賛同できないのかもしれませんね。

北原

僕は、基本的にSNSは便利だし、施設のイベントの広報なんかにも有効活用できると思っています。
でも、一部のスタッフの投稿を見ていて、利用者の個人情報の保護や、倫理的な観点から問題があると思うようなケースもあるので、それが気になります。

西川

投稿している側は、個人情報を隠しているつもりなのだろうけど、「今日外出の予定だった利用者が」とか「長老のXが」とか書いたら、わかる人にはわかるよね。

南野

仕事で嫌なことがあった時に、愚痴やうさ晴らしとしてSNSに投稿する人もいますよね。
他の施設で、職員が入所者の写真を投稿して問題になったというニュースを聞いて、怖いと思いました。

木村

それに、愚痴やうさ晴らしのような情報の発信は、施設全体の問題に発展してしまう危険性がありますね。
情報の発信が容易になって、それは便利ですが、その反面イライラや怒りを不適切な形で表出してしまうという弊害も伴いますから、みんなで注意していかなくてはなりませんね。

東山

私は、SNSの発信は怖いので、自分では使わないようにしています。

北原

それは、現代の情報社会に乗り遅れていることを正当化しているだけじゃないですか？

西川

北原さんのそういう言い方は、直したほうがいいと思うけど、確かにSNSの発信にまつわるトラブルが発生したら、リーダーとして対応できるように、情報社会の流れを知っておく必要はあると思います。

東山

苦手意識を持ってしまうのですが、確かに新しいことを受け入れることも必要なのかもしれません。

南野

上手に活用できるといいですよね。

木村

SNSの使い方には、いろんな考え方がありますね。小さな違和感や不快感がイライラの原因になってしまうので、互いの考え方を確認してみるというのも大切ですね。

解決の糸口 ┈┈▶ 規範と柔軟さのバランスをとる

解説

　最近、SNSにまつわるトラブルが増えているように思います。スマートフォンが普及して、SNSで気軽に情報を発信できるようになりましたが、その一方で、不特定多数の人の目に触れる機会が増大したため、情報の管理については注意が必要です。

　特に、利用者の情報については、その扱いにおいて倫理観が問われます。勢いに任せて不満を書き込んだり、感情的な発言をしたりすることが、その利用者に迷惑をかけるのはもちろん、施設全体のマイナス評価につながることもあります。

　4人のリーダーたちは、それぞれにSNSにまつわる不快感や問題意識を抱えていますが、その内容や考え方は一人ひとり異なります。スタッフの考え方はさらに多様ですから、それを統制するのは容易なことではありません。

　「すべき思考」が強いと、他の考え方を柔軟に受け入れられずにイライラしやすくなり、ストレスをためてしまうこともあります。また、倫理的に問題となるような利用者のプライバシーや個人情報に関する内容については、スタッフによって意識の持ち方にバラつきがあると、取り返しのつかない事態に発展するリスクがあり、一定の規範が求められます。

■ 新しいことにチャレンジしよう

　毎日、同じ業務をしていても、思いがけない出来事に遭遇するものです。さまざまな出来事に対して、それを受け入れる柔軟さを持つことが、怒りへの耐性をつくり、ささいな出来事に怒らない自分をつくります。

　私たちは、日常のなかで、自分のやりやすい手順で物事を進めていて、そうした一定の型にはまっていることがたくさんあります。例えば、通勤の道順はだいたい決まっていて、考え事をしていても同じルートで、家から職場、職場から家へと辿り着けるでしょう。たまたまそのルートから外れて思い通りに進まないと、イラッとしたりするのではないでしょうか。

　自分にとって当たり前になっている価値観から外れた状況に遭遇することで、怒りが生じます。でも、価値観の許容範囲を広げておけば、怒らなくてすむ範囲も広がります。物事を柔軟に受け入れられるようになるために、日々の生活のなかに、新しいチャレンジを取り入れてみてはいかがでしょうか。

　歩き出す時、階段を登る時、左右どちらの足から一歩を踏み出しますか。たぶん、毎日通る場所であればだいたい同じだと思いますが、普段は意識しないのではないでしょうか。

　ちょっと違和感がありますが、たまには反対の足から踏み出してみませんか。いつもの通勤電車で隣の車輌に乗ってみる、いつもと違う道を歩いてみる、など新しいことにチャレンジすると、ワクワクします。

　毎日の生活でつくられたパターンを崩して、物事に柔軟な対応ができるように準備しておきましょう。

ムダを減らして経済効率を上げたい

悩み事
事業所の物品や利用者負担の紙おむつを、ムダ遣いする
スタッフが多いのが気になります。
経済観念に欠けるスタッフにイライラします！

西川
モノをムダ遣いするスタッフにイライラします。施設の物品や
消耗品をムダ遣いするように、自分の家でもムダに捨てたりす
るのかなあ。

東山
確かに、細かいことかもしれないけど、例えば手を洗ったあと
に、ペーパータオルを4枚も5枚も使うスタッフがいて、すご
い消費量ですよね。

北原
ペーパータオルぐらいケチケチ言わずに、好きなだけ使えばい
いと思いますけど。

「ちりも積もれば」というでしょ。施設の経費だってバカにならない金額だし、ペーパータオルの消費だけでなく、ゴミも増えるし、ゴミ袋だって使うでしょ。本当に不経済だと思うわ。

う〜ん。私もペーパータオルはそれほど気になりません。ムダ遣いというより、必要な物は使う、という感じです。

考え方、捉え方は人それぞれですね。

でも、一番気になるのは、利用者さんの持ち物や消耗品の扱いです。

紙おむつなど、利用者の物という意識が薄いというか、少し工夫すれば使う回数も枚数も減らせるのに、トイレの誘導のタイミングを逃してムダにしてしまうとか、交換の仕方が雑で汚してしまうとか。おむつ代だって利用者や家族の負担になるのに、それを考えていないようで腹が立つ。

私は、あまりムダ遣いとか経済観念とかって、考えたことがありませんでした。

私が気になったことといえば、この間、食堂のイスが壊れて、購入を依頼したら、まだ使えるからってガムテープで補強されて戻って来たんです。

確かに、使えるかもしれないけど、利用者の気持ちとか生活環境よりも経費節減が優先されるのは、納得できません。

みなさん経営というのをわかっていませんね。
ペーパータオルが一枚いくらかに気を遣うよりも、人件費のムダを減らすほうがよっぽど効率的です。それに、備品だって高額な物があるから、それをスタッフが意識していないと、ムダを出すことになります。
例えば、最近介護負担を軽減するために導入された移動用リフトは、一台いくらすると思います？

あっ、この間、スタッフが操作を誤って、リフトをぶつけて壊してしまったんですよね。

そうです。ちなみに、修理代金に何万円かかりましたか？

すみません…、わかりません。

北原さんが言っていることは、正しいとは思うけど、なんだか言い方がムカつく。

私も、なんだか器が小さいと言われているみたいで気分が悪い。

正しいことを教えているだけなのに、なんで僕が責められるんだろう。

まぁまぁ。視点は人それぞれに異なっていても、現場のムダを減らして経費を抑えることは、リーダーに求められる経営意識として大事なことですね。
みなさんが気になったことは、視点を変えれば、リーダーとして「こうありたい」と望んでいることだと思うのです。

東山さんのイライラは、裏を返せば「ペーパータオルは適正に利用したい」ということかしら。

そうそう。要するに「消耗品のムダを減らしたい」のです。

私は「利用者や家族に費用負担をかけないようにしたい」ということかな。

私は「経費の削減と利用者の生活とのバランスを大事にしたい」です。

僕は「備品の価格を意識してほしい」、いや「備品を大切に使ってほしい」かな。

いろんな視点がありますね。みなさんが「こうありたい」と思う内容が明らかになったら、それを上手に伝えていくことで、イライラから解放されるのではないかしら。

解決の糸口 ⟶ 人それぞれに気になるポイントが異なる

解説

　リーダーには、経営と実践現場の間をつなぐ役割があります。実践現場の業務効率や利用者の傾向を把握しながら、必要な物品を不足なく準備し、同時に不良在庫をためないように管理していくことが求められます。また、職場における経営の視点は、必ずしも一律に決まったものがあるわけではなく、誰かが教えてくれるものでもありません。場合によっては、リーダーとしてだけでなく、一人の生活者としての金銭感覚などが影響してくるのではないでしょうか。

　怒りの原因として、自分と他人とに価値観のズレが生じることがあげられます。リーダーに求められる役割として、「経営の視点を持つ」、「ムダ遣いをしない」といった考えは、4人とも異論はないのですが、細かくみていくと、少しずつ視点が異なるのです。

　それぞれが大事にしたいポイントを明確にしたら、それをスタッフに伝えていきましょう。「ペーパータオルを使い過ぎ」と自分の物差しで決めつけたり、「紙おむつをムダ遣いしないで」と禁止命令を出したりするだけでなく、「消耗品のムダを減らしたい」「利用者や家族の費用負担を抑えたい」というリーダーとしての思いを伝えます。その上で改善案を提案するという流れです。

　では、リーダーとして大事にしたいことをどのようにスタッフに浸透させていくかという具体的な方法について、考えてみましょう。

■ イライラするパターンを崩そう

　私たちは、いつも似たようなことに怒ってしまう、という一定のパターンにはまってしまうことがあります。「ムダ遣いしないで」「物品は大事に使って」と何度も言っているのに、それがスタッフにはなかなか伝わらず、「いつも言っているのに」とイライラするのです。ムダな怒りを回避するために、このパターンを崩していきましょう。

　パターンを崩すために、なにか新しいことを一つ試してみましょう。一つを試して様子をみて、効果が上がらなければ、次の方法を考えます。ポイントは、一回に試してみるのは一つだけにすることです。一気にあれこれ試すと、どれが効果的なのかがわからなくなるからです。

　東山さんは、スタッフがペーパータオルをたくさん使う様子をみてはイライラする、というパターンを繰り返しています。そのパターンを崩す方法として、例えば朝のミーティングで呼びかけるというやり方もあるでしょう。それで効果があれば成功ですが、毎日繰り返して言い続けるのは、スタッフもうんざりしてしまうかもしれません。次の方法として、ペーパータオルのケースに、「一回に使うのは2枚まで」と書いて貼っておくというやり方もあるでしょう。

　紙おむつのムダを減らしたい西川さんは、なにができるでしょうか。実際の負担額をスタッフに示して意識づけする、トイレに誘導するタイミングを話し合ってみる、などがありそうです。

　壊れたイスをガムテープで補強されたことに対して、南野さんは、イスを新調してもらうための交渉を工夫する、あるいは、ガムテープを隠せるようにイスにカバーをつけるなど、アイデア次第でいろいろできそうです。

　北原さんは、高額な備品の金額をスタッフに示すことで、大事に扱うように啓発する、あるいは、高額備品の使用法について勉強会を企画する方法もあるかもしれません。

残業や有給休暇を平等にできない

悩み事 当日の急な休暇申請が多くて、その対応が大変です。
勤務調整がうまくいかず、イライラ・モヤモヤします。

南野　私の職場は、当日の連絡で急に休む人が多くて、勤務調整が大変です。

東山　特に、夜勤はギリギリの人数で配置しているから、スタッフが急に休むと、代わりの勤務者を調整するのは苦労しますよね。

北原　そんなに大変なら、3回連続して休んだらクビにするとか、決めてしまえばいいじゃないですか。

南野　そんなこと、できませんよ。

実際に、子育て世代のスタッフは、子どもが熱を出したりして、急な勤務調整は避けられませんよね。

子どもの都合で急な休みは仕方ないと思いますが、他のスタッフの負担が増えると、不満が上がったりしてむずかしいです。

勤務調整は重要な役割ですよね。
みなさんの勤務調整の悩みの本質は、どんなところだと思いますか。

急な休みや早退で人員配置に穴があくと、その業務の割り振りがとてもストレスなのです。他のスタッフの業務負担が増えるし、残業になることもあって、そうすると不満も出て、うまく采配できない自分の能力不足も嫌になります。

私も初めの頃は、うまく調整できなくて、結局自分が残業をしたり、休日を返上して出勤したりしていました。でも、無理しても続かないので、最近はできる範囲で、スタッフが少ない日は必要最低限の安全が守れるようにと考えるようになって、少し気持ちが軽くなりました。

同じ業務量を少ない人数でこなそうとすると辛くなるけど、人手が足りない時は、翌日に先送りできる業務はやらないようにして、業務量を減らすように調整しています。

確かに、できることがありますね。急な休みや早退の報告を受けると、私が焦ってイライラしてしまっただけなのですね。

僕は、急な休みがあっても業務を調整することは、それほどストレスには感じませんが、休む人の態度に腹が立つことがあります。子どもが理由なら休んで当然という態度は、不快です。

幼い子どもがいる時期は、仕方がないと思いますよ。

休むことは問題ないのですよ。休暇をとるのも権利だと思います。でも、子どもが理由なら休んで当然という態度は、身勝手だと思うのです。休んでもいいのですが、「急な休みでご迷惑をおかけします」というような一言があれば、こちらも気持ちよく、休みをカバーしようと思いますよ。

北原さんの怒りのスイッチは、休むスタッフの態度なのですね。なんだか意外だなあ。

なにかおかしいですか？　普通ですよ。スタッフへの配慮は常識でしょ。

怒りのスイッチは、人それぞれですから、いろんな考え方があっていいと思いますよ。

確かに、みなさんの話を聞いていると、自分の考え方の特徴に気づくきっかけになりますね。
私は、勤務調整に関しては、勤務希望や有給休暇、夜勤の回数、残業など、すべてのスタッフに対して平等にあてられるようにという思いが強いような気がします。不平等が許せないのです。

私も、残業をしてくれるスタッフが限られるし、勤務交代もお願いしやすいスタッフに偏っているのが、申し訳ないです。

家庭の事情で残業や勤務交代がむずかしいスタッフもいるし、反対に残業代が出るなら率先してやりたいスタッフもいます。夜勤も必ずしも同じ回数でなくても、いいと思いますよ。

私の職場は、急な対応も多くて、特に日勤では残業をお願いしなくてはならないことが多いので、業務が終わらなければ誰が残業するかをあらかじめ選んで依頼して、ひと月分のシフト表に記載しています。残業当番の人は心づもりできるし、定時で終わればラッキーです。

なるほど、そういう発想は新鮮です。
確かに勤務の条件もスタッフの事情も、個々に違いますからね。

いろんな考え方や工夫を聞くと、発想が広がりますね。

なんだか、勤務調整でのイライラを解消できそうです。私もみなさんのアイデアを試してみます。

解決の糸口 ···▶ 働き方は多様化している

解説

　働き方は多様化して、一律の勤務形態をとる職場のほうが少ないのではないでしょうか。特に介護の仕事は、介護保険制度の流れにのってここ十数年で急成長した分野ですから、他業種でのキャリアを経て転向転職してきた人も多くいます。また、非常勤の職員への依存度が高いことも多くの施設に共通しており、そういう意味では勤務条件もそれぞれ異なります。

　そのような状況のなかで、毎日の勤務を調整するのは大変な仕事です。多様な働き方があると、頭では理解しているにもかかわらず、日々の調整において、ストレスを抱えているリーダーも多いようです。ここに、怒りの原因となる価値観が隠れている可能性があります。

　例えば「すべき思考」です。南野さんは、「スタッフが急に休んでも、業務は完璧にこなすべき」と思っていて、できないことにイライラしたり、他のスタッフの不満にビクビクしたりしているようです。北原さんは、「休んでもよいけれど、他のスタッフを気遣うべき」と思っていました。また、西川さんは、「業務の負担を平等に負うべき」「勤務の希望を平等にかなえるべき」などの思考に縛られていたことに気づきました。

　こうしたイライラを解消するためには、多様な勤務形態や不測の事態に対応する柔軟な思考を持つことが求められます。チームの勤務を采配する役割は、チーム内には一人しかいないかもしれませんが、多角的な視点から困難を解決するためには、他の部署での工夫を知ることも助けになるのではないでしょうか。

■ 先回りして対処しよう

　怒りの原因として、先の見通しが立たないような漠然とした不安感が影響している場合があります。そんな時は、不安への対処として、予測される事態を明確化して、その事態に先回りして具体的な対応の方法を確認するだけでも、怒りやイライラから解放されることがあります。

　よく考えると、これまでも、業務に支障が出ないようになんとかこなしてきたのではないでしょうか。業務内容やその日のスタッフの顔ぶれによって流動的になるので、マニュアルというわけにはいきませんが、部屋担当の配分を変更する、その日のプログラムを変更する、週間予定を1日遅らせる、他部署からの応援スタッフを要請するなど、いままでやってきたこと、他の人から得たアイデアなどを書き出してみましょう。

勤務調整に困った時の備え

➡ 人員配置の状況に応じた目標設定の変更

- すべての業務予定が終わらなくてもよい
- 利用者の安全が守れればよしとする
- スタッフはきっと協力してくれる

➡ 先回りして対処

- 翌日以降に先送りできる業務を洗い出しておく
- 休暇や早退時のリリーフを依頼する準備をしておく
- あらかじめ残業する人を割り振っておく

仕事中にスタッフ同士がおしゃべりして働かない

悩み事 就業時間中にスタッフ同士のおしゃべりが盛り上がって、利用者のところへ行きません。それなのに、時間になると定刻で帰っていくのです。

 北原 勤務時間中のスタッフ同士のおしゃべりが多くて、毎日のようにそれでイライラしてしまいます。

 東山 おしゃべりに熱中すると、仕事の手が止まってしまいますよね。

 北原 例えば、介護日誌を書いていても、2〜3人集まると、初めのうちは利用者の情報を確認したりしていても、そのうちに話が脱線して、まるでお昼休みの休憩室のようになってしまうのです。

 木村 それで、そんな時はどうしているのですか？

「おしゃべりばっかりしてないで、ちゃんと仕事をしてください！」と注意するのですが、おしゃべりの中心は長年勤めているスタッフで、「利用者のケアについて話し合っていたところです」なんて言いながら、そのままおしゃべりが続くので、余計に腹が立つのです。

あら、なかなか手ごわいですね。

のん気なことを言っている場合じゃないですよ。いつもおしゃべりばかりで、ああいうのを給料泥棒というんです。毎日の人件費の損失を計算して、突きつけてやろうかと思うぐらいです。

まぁ、落ち着いて。スタッフはスタッフ同士で、ケアに困った時に相談したり助言を受けたりして、助け合っていますから、私はコミュニケーションがないよりも、おしゃべりするぐらいのほうが働きやすいのではないかと思います。

私も、おしゃべりにはそれほどイライラしませんが、利用者さんがいるところでは、控えてほしいかな。
それで、そのスタッフが勤務している時は、本当に毎日おしゃべりばかりなのですか？

十中八九そうですよ。確かにベテランなので、トラブル対応などがあれば、頼りになるところもありますけど、トラブルがなくても勤務時間は給料分を働いてほしいです。

頼りになる働きもあるのですね。

113

そうはいっても、必要な仕事は終わらせてもらわないと、あと
の勤務にしわ寄せがいくじゃないですか。

注意したのに、こちらの期待するような反応が返ってこないの
なら、もう一工夫してみましょうか。

スタッフも別にサボっているつもりではないでしょうから、頭
ごなしに注意されたら、反論したくなる気持ちもわかります。

本人たちに自覚がないなら、おしゃべりしていて仕事の手が止
まっているのはサボりだと、はっきり教えないとわからないの
かも。

そんな喧嘩腰では、スタッフがついてきませんよ。論破しよう
と思わずに、気持ちよく仕事ができるような工夫をできるとい
いですよね。

スタッフを注意する時には、ちょっとしたコツがあるのですよ。
まず、「おしゃべりしないで」という禁止命令よりも、具体的
な仕事の指示のほうが、取りかかりやすいのではないでしょう
か。その時には、なにをしてほしかったのですか？

この仕事っていうのでなく、「ちゃんと仕事してほしい」とい
うことです。
サボっていることへの怒りだったのかもしれません。

南野

気持ちはわかるけど、「ちゃんとして」というのを伝えるのはむずかしいですよね。

西川

例えば、おしゃべりで記録の手が止まっている時は、一人に「利用者の○○さんのお部屋で××をお願い」と他の仕事を頼んで、一度話し相手を切り離してみるとか。

東山

私は、「16時までに記録を終わらせましょう」と、短めに時間を区切ってみます。

北原

なるほど、どちらも具体的ですね。今度試してみます。

南野

あとは、ベテランのスタッフには、お願いごととして仕事を頼んでみるのもいいと思いますよ。甘え上手になってみる、というのはどうですか。

北原

えっ？　僕が甘えるの？

解決の糸口 ⟶ 怒る時は伝えたいことを明確に

解説

　人によって、立場や出来事の状況によって受け止め方は変わります
し、どれが正解でどれが不正解ということはありません。ただし、「こ
の状況に自分は怒って当然」という思い込みや、「悪いのは相手だ」
という決めつけは、他の考え方を受け入れにくくします。他の考え方
に耳を傾けることは、物事の捉え方を柔軟にする助けになるでしょう。

　北原さんは、「スタッフが雑談していたら、怒るのは当然」と考え
ていましたが、東山さんは、「スタッフ同士の関係を良好に保つため
には、おしゃべりも必要」と考えているようでした。

　怒りには、その出来事をどう意味づけるのか、という自分の価値観
が影響します。北原さんは、この場面をどう意味づけたのでしょうか。
そこには、「スタッフは雑談をするべきではない」という価値観があ
りそうですが、もう少し掘り下げてみましょう。

　給料泥棒や人件費という発言にみられるように、北原さんは勤務時
間の経済観念に照らした基準を持っているようですから、「勤務時間
中の雑談」はダメだけど、休憩時間や勤務後であれば怒りは生じない
かもしれません。南野さんは、「スタッフ同士が話すのはかまわない
けれど、利用者の目に入るところで話すのはよくない」と、利用者へ
の配慮や施設の接遇などが基準になっているようです。他にも、「上
司がいる場ではスタッフ同士で話をしないで」と、上司の評価が気に
なる人もいるかもしれません。

　スタッフを注意する際は、この判断基準を明確にしておくと、伝え
る内容が定まってくるのではないでしょうか。

■ 禁止命令をリクエストに変えよう

　スタッフを注意するポイントは、伝えたいことを明確にして、具体的な行動を提案することです。禁止の指示でなく、お願いやリクエストの形で伝えてみるのです。

　その際、曖昧な言葉を避けて、具体的な言葉を選びましょう。「ちゃんと仕事をして」と言われても、本人は「ちゃんと」しているつもりなので、どうしたらよいのかが伝わりません。「ちゃんと」「しっかり」でなく、「いつまでに、○○をやってください」と明確に伝えましょう。

　北原さんが怒っていた「おしゃべりばっかりしてないで、ちゃんと仕事をして」のセリフを言い換えてみましょう。「おしゃべりしないで」は禁止の指示で、「ちゃんと仕事をして」は具体的とはいえません。

　一例として、北原さんのように勤務中のおしゃべりが気になる場合は、「話の続きは休憩室でお願いします」と伝えてはどうでしょう。南野さんのように利用者への配慮が気になる場合は、「利用者の目もあります。もう少し静かに話しましょう」と伝えてもよいでしょう。

　「ちゃんと仕事をして」を言い換える一例としては、「○時までに記録を終わらせましょう」「○号室の片付けをお願いします」など、具体的な行動を依頼する声かけがよいでしょう。

　その際に、自分の気持ちや相手への承認などを添えると効果的です。

→ ポイント

「禁止命令」を	→	「○号室の片付けをお願い」と具体的に依頼
リクエストに		「お願い助けて手伝って」型の声かけ
変える		「おかげで助かりました」のねぎらい承認

まとめ　仕事の基本・ルール

　組織のコンプライアンス、職務規律など、明確に示されているようで、スタッフ個々の受け止め方や理解は異なります。ルールを確認すれば統一できる内容もあれば、文言は統一されても、認識を一律にはできないものもあります。一見、常識、モラル、マナーなど、相手も当然わかっているだろうと思うことが通じないスタッフに対して、驚きや怒りが生じるのは、この価値観が相手と異なっているからです。

　不要な怒りに振り回されないためには、多様な考え方を受け入れることが解決策の一つとなります。思考の柔軟性や発想の転換で、自分の行動を変えることができます。

　例えば、「あいさつをしなさい」と言って、スタッフがあいさつするかどうかをチェックする上司は、「あいさつは部下から上司に向かってするべき」と思っているのかもしれません。あいさつできる職場を目指したければ、上司から率先してあいさつするほうが、部下にも浸透しやすいと思いませんか。

　また一方で、自分にとって譲れない部分を明確にして、それをスタッフに伝えていくことも必要です。職場のリーダーとして、組織の方針やルールと、自分の価値観、そしてスタッフの価値観を照らし合わせ、それを伝えていく役割が求められるでしょう。

　ここで紹介した4つの事例には、これが正解と決まった対応法はありません。仲間から多様な意見を聞くことで、それぞれが大事にしている自分の価値観に気づき、対応の選択肢を広げることが大切です。

　自分の考えに行き詰まったら、上司や部下、時には異なる業種の友人の意見を聞いてみると、新たな気づきや、悩みを解決するための糸口がみつかるのではないでしょうか。

3

介護実践

利用者との距離が近過ぎるスタッフにヤキモキ

悩み事 介護職と利用者という関係を超えて、お世話し過ぎるスタッフがいます。注意すると、反対に私が利用者に対して冷たいと言われてしまいます。

わー、今度一緒に
観に行きましょうよ。

東山

利用者さんと仲がよいのは悪いことではないのですが、介護職と利用者という関係としてみると、仕事の関係以上に距離が近いスタッフがいるのです。

介護職としての立場をわきまえ、利用者さんとは一定の距離感を保つことが必要だと伝えても、聞く耳を持たず、私の考えは利用者さんに対して冷たいと言われてしまうのです。

北原

スタッフの利用者さんへの態度が悪いのでなく、お世話し過ぎることに困っているのですか？

東山 接遇が悪いとか乱暴な介護とかいうのではないので、こんなことにイライラするのは、自分の気持ちの問題かとも思うのですが、どうにも気持ちを整理できずにいます。

木村 その状況を少し整理してみましょう。怒りの中心は、利用者さんとの距離が近過ぎることのようにも聞こえますし、スタッフが注意を聞いてくれないことや、東山さんの対応を批判することのようにも聞こえます。

まず、利用者さんとの距離感について、具体的にはなにが気がかりなのかしら。

東山 例えば、利用者さんができることもスタッフがやってあげてしまうのです。歩くのに時間がかかる人がいて、付き添って歩くより、車イスに乗せて連れて行くほうが早い、という場合などです。他にも、本人が自力で食べるのを待てなくて、介助するとか、着替えなんかも手伝えば早いですし。でも、そのうちに、利用者さんは介助してくれるスタッフに甘えて、いろいろ頼んだり、やってくれないスタッフは冷たいって言われたりして。

北原 利用者さんにとっても手伝ってくれるのはよい人で、手伝ってくれない人は悪い人になってしまうのか。スタッフからも冷たいと思われてしまうなんて、損な役回りですね。

東山 手を出し過ぎると、利用者さん本人の能力や残された身体機能を低下させてしまう可能性もあります。それに…。

木村 それに？

本当はいけないのですが、利用者さんに頼まれて買い物に行ってあげたりするスタッフもいて、「私たちは家族ではないのだから、ルールから外れてはいけない」と注意しても、反対に「家族が来ないのに、私たちがやってあげなければ誰がやるのよ」と、こちらが悪者のような言われようなのです。

それは辛いですね。

でも、例えば認知症のある利用者さんに、「お金を盗まれた」なんて疑われたら、そのスタッフがなにも悪いことをしていなくても、私はスタッフを守れないと思います。

それに、私たちはどんなにお世話したところで、やっぱり家族にはなれないのです。家族が疎遠になったら、家族に連絡をとって少しでも関係を保てるようにするのが、私たちの仕事なのです。

私たちが家族の代わりだと思ってかかわったとしても、もしその利用者さんが亡くなったとして、その時には、身内でもないのに引き取れないのです。

そんなふうに考えていたのですね。

そのスタッフはよかれと思ってやっていることも、経験豊富な東山さんには、経験に裏づけられたリスク管理があるんですね。

木村　さて、この怒りにはどう対処したらよいのでしょうね。

東山　もう大丈夫です。話したら整理できました。
私が「利用者さんとの距離が近過ぎる」ということばかり注意しても、きっと相手には伝わっていなかったのだと思います。
私の経験をスタッフに話してみます。

解決の糸口 ·····▶ 介護観は変化する

解説

　人は、すべての経験から自分の価値観が形成されていきます。それは介護の仕事においても同様で、経験を重ねるなかで、介護者としての価値観が形成されていきます。怒りが生じた時は、自分がなにを大事にして介護しているのかを振り返る機会になります。自分の考えと違うと思った時、なにかが自分のアンテナに引っかかっています。そこに自分の介護観が隠れていることがあります。

　介護の仕事上のルール、業務規則などで、介護職がやるべきことややってはいけないことが示されていますから、一見するとそのルールに則って確認すれば解決できそうですが、人それぞれに微妙にバラつきがあります。そして、その基準は経験を重ねるなかで変化していきます。

　利用者の希望を優先したいと思っていても、自力で歩きたいと希望した利用者が、一人で歩いて転倒してしまったという経験があれば、利用者の希望は優先したいけれど、安全を守るためにはその人の歩行状態を加味してアセスメントするようになるし、一人で歩くことを許可できなくなるかもしれません。

　東山さんの心には、どんな引っかかりがあったのでしょうか。過度な介助で機能低下をまねいた、距離が近くなり過ぎて失敗したなど、苦い経験があって、そういう経験から学んでいることもあるでしょう。

　経験とともに、介護観は少しずつ変化し続けているのです。

■ 経験を語ろう

　介護観は、経験を重ねるなかで少しずつ変化しながら形成されています。これは、日々の介護サービスを支えているものですが、自分にとっては当たり前と思っているので、意識しないと言葉にするのがむずかしいのです。しかし、表面的に「こうすればいい」「こうしてはダメ」と指導するだけでは、あなたが大事にしてきた経験に基づく介護観が伝わりません。そこで、自分の経験を添えて介護観を伝えていくのです。

　経験を重ねると似たような事象に対して、自らの経験を活用することができますが、介護の対象者は一人ひとりに個別性があり、全く同じ経過を辿ることはありません。また、どんなにベテランでも同じ経験をしている人は二人といません。ですから、経験の積み上げは本当に貴重な財産となります。

　現場のリーダーは、経験から得た実践の知をスタッフに伝えることができます。それは、スタッフを育成する上で大きな強みです。スタッフに自分の経験を話すことで、スタッフも学びがありますし、話すことで自身の経験を意味づけ、思考を整理し、介護観を言葉にできるようになります。

　また、スタッフに経験を語り、スタッフと話す時間をとるなかで、経験の浅いスタッフがなにに悩んでいるのかを知り、そこに寄り添うこともできるのではないでしょうか。

食事の前の手洗いについて意見が食い違う

悩み事　食事の前に手を洗いたいという利用者には介助したいけれど、時間も人手も足りません。対応や考え方の違うスタッフが不満に思っています。

西川　食事の前に利用者さんを食堂に誘導して、手指衛生のためにおしぼりで手を拭いてもらいます。でも、一部の利用者さんは水道で手を洗いたいと希望するので、私は利用者さんの希望通りに水道への移動を介助しているのですが、それについて、一部のスタッフから不満の声が上がってしまいました。

東山　利用者さんの希望を尊重すること、ましてや手を洗いたいという希望なら、お手伝いしたいですよね。

木村　どんな不満があったのですか？

西川

「一人の利用者さんだけひいきして不平等だ」とか、「一人に時間をかけてしまうと、他のスタッフが多くの利用者さんを食堂へ誘導しなくてはならなくなって、他のスタッフの負担が増える」とか、他にもいろいろです。

東山

利用者さんの要望には応えたいけど、一人だけを特別扱いするわけにもいかないし、むずかしいですね。

木村

ここにも、いろんな価値観や介護観が潜んでいそうですね。

西川

そうなのです。実は、私もそれを考えていたのです。
以前なら、自分のやり方を押し通していたところですが、これは介護観にかかわる出来事だと思うのです。
スタッフに意見されて、一瞬ムッとしたのですが、反射的に反応しないで少しだけ時間をおいて冷静に考えてみたら、スタッフの意見も一理あると思えたのです。

木村

衝動的な反応をコントロールできるようになってきたのですね。

西川

まず私の介護観は、「利用者さんの希望を尊重したい」ということです。この方は、食事の前に水道で手を洗いたい、という希望があるだけなのです。

東山

確かに、人それぞれに生活習慣も違うし、手を洗わなくても気にしない利用者さんもいますよね。

西川 きっとスタッフは、「一人の利用者さんにだけ特別な対応をするのは不公平だ。利用者さんへのケアは平等にするべき」という考えがあるのだと思います。

でも、利用者全員に同じようにすることが平等というわけでもないし、一人の希望を通すことが不公平というわけでもないと思うのです。

木村 確かにそうですね。利用者さんたちも、みんなが同じ考えや要望を持っているわけではないのですよね。スタッフの考え方が一人ひとり違うように、利用者さんもそれぞれですよね。

東山 スタッフの思いもわかります。それに、そのスタッフも利用者さんの希望を尊重したいという思いはあっても、忙しい食事前の時間に業務が増えるのは困るのかもしれませんね。

西川 そうなのです。忙しい時間帯に一人の利用者に時間をかけると、その分他のスタッフに負担がかかるし、「利用者さんの安全を守る」とか、「一部のスタッフに負担が偏らないようにしたい」などと思っているような気がします。

木村

どれも、介護職にとって大切な介護観ですね。

東山

私は、食事の前に利用者さんをトイレに誘導して、そのまま食堂へお連れするという流れで対応します。これなら、手を洗うためだけに水道に行くのを介助しなくても、利用者さんの希望はかなえられるかな。
業務の効率性を優先したいと考える傾向があるので、一度にいろいろすませたいのです。

西川

そういう提案なら、スタッフの負担も少ないし、協力してもらえそうです。
早速、チームで話し合ってみます。

解決の糸口 ·····▶ **人により状況により優先順位が異なる**

解説

　西川さんが抱えていた不全感と、周囲のスタッフの不満を分析してみましょう。怒りの正体はコアビリーフ、ここではスタッフ個々の介護観のズレとして考えてみます。

　西川さんの怒りを表面的にみると、「利用者さんが手を洗いたいという希望ぐらい大した手間でもないのに、どうしてみんなは、そのくらい協力してくれないのか」という気持ちです。

　ここでの介護観は、「**利用者の希望を尊重したい**」。

　これに対してあるスタッフは、「食事前の忙しい時間帯に、一人の利用者さんにばかり時間をかけて、リーダーのくせに、他のスタッフにしわ寄せがいくことをちっともわかっていないな」と思っています。

　ここでの介護観は、「**忙しい時間帯はスタッフ全員が協力すべき**」。
「**リーダーはスタッフの業務負担が偏らないよう全体をみるべき**」。

　また別のスタッフは、「他の利用者さんだって、スタッフに頼みたいことはいろいろあるのに、一人の利用者さんだけを特別扱いしたら不公平だ」と思っています。

　ここでの介護観は、「**利用者皆に平等に介護サービスを提供すべき**」。

　不満や相手への批判を言葉にすると、意見が対立しているようにみえますが、それぞれの介護観をみると、どれも介護サービスを提供する上で必要なことだと思います。

■ 折り合いをつけよう

　介護観は、スタッフ個々に異なりますが、一人ひとりが持っている介護観は、その人にとってはすべて正しく、正解・不正解はありません。また、複数の介護観が影響しあって、その時の状況や相手によって優先順位が入れ替わります。それならば、業務のなかでスタッフ同士が異なる意見に折り合いをつけながら働く、というのが自然な流れではないでしょうか。

　自分が大事にしたい価値観を安易に変える必要はありませんが、他の人の言動をすべて排除しようとすると、意見の対立が生じます。自分の意見とは違っても、他の考え方もあることを認められると、許容範囲が広がり、さまざまな意見を受け入れられるようになります。

　この原理を踏まえて、スタッフ同士が互いの考えを認め合い、協力して働けることを目指したいものです。怒りが生じた出来事や相手への不満の背後にある介護観を言葉にして、相手に伝えてみましょう。カンファレンスでも、あるいは短時間の打ち合わせでも、介護について相談する機会を持つことが重要です。

　もちろん、利用者の希望だからといって、人が少ない日や緊急の対応が重なった時に、どうしてもその利用者が手を洗うために時間をとらなければならないわけではないでしょう。それに、すべてのスタッフに対応を統一したほうがよいケアもあれば、流動的でもよいケアもあるでしょう。

　それぞれが大事にしている価値観を変えなくても、お互いの考えを知り、また状況によっては優先順位が変わることもあると認め合えると、お互いの理解が深まり、協力しやすくなるのではないでしょうか。

利用者や家族のクレーム対応で消耗してしまう

悩み事　利用者や家族からのクレーム対応がストレスです。理不尽な要求をされたり、スタッフの対応の悪さを指摘されたりして、疲弊してしまいます。

南野　リーダーになってから、利用者さんやそのご家族のクレームに対応する機会が増えました。実践現場のリーダーとして、対応しなくてはならないと思ってはいるのですが、それがとてもストレスなんです。

木村　クレームに対応するのは、本当にむずかしいですよね。

北原　それじゃ、スタッフにも責任をとらせて、一緒に謝らせたらいいじゃないですか。

東山　そういう問題じゃないでしょ！

南野　スタッフが悪いとも限らないし、利用者さんやご家族にもいろんな思いがあることもわかっているつもりですが、相手が怒っている勢いに圧倒されて、萎縮してしまうんです。
それでうまく対応できなくて、結局相手も納得できないから怒りも収まらないし、私は責められて、心が折れそうです。

西川　それは辛いですね。

南野　そういう日は、仕事のあともモヤモヤした気持ちを引きずって滅入ってしまうんです。食欲もなくなるし、夜も寝つけなくて…。

木村　自分のメンタルヘルスを保つのも大変ですよね。

南野　最近は、自分でも仕事が終わったら気持ちを切り替えるように意識して、自分なりに気分転換の方法を探して試しているので、多少は楽になってきました。
でも、クレームの対応に呼ばれると、その場では動揺して、うまく対応できないのです。

西川　私もクレームに対応するのは苦手です。

南野　そうなんですか？
西川さんは、クレームも跳ね返しそうに見えますけど…。

この間も、利用者の息子さんが怒鳴り込んできて、スタッフの言い分も聞かないで一方的にスタッフを罵倒するものだから、腹が立ってしまったのです。
「勝手なことばかり言って、私たちの介護が気に入らないなら、ご家族だけで面倒みれば？」と、言い返しそうになって、それをこらえるのが大変でした。

売り言葉に買い言葉で応戦したら、火に油を注ぐようなものですよね。

そうそう。私も冷静に考えれば、話し合いで介護サービスを改善できると思うのです。
息子さんも、仕事があるなかで介護していて、大変な状況はよくわかるし、私たちの施設を頼りにしてくれているから、批判し合うような関係ではないのです。それなのに、感情が高ぶってしまうと冷静に対応できなくなりそうで、困ります。

対応がむずかしいのは同じなのに、悩みの内容はずいぶん違いますね。

私は、カッとなると抑えられないのが課題なので、反射的に言い返さないように、目下特訓中です。

二人とも自分の課題に取り組んでいるのですね。
クレームに対して、萎縮してしまう南野さんと、カッとなって言い返しそうな西川さん。二人は一見、対照的にみえるけれど、利用者さんやご家族から怒りをぶつけられて、感情が揺さぶられてしまうという点では、共通しているのではないかしら。

西川

ああ！なるほど。
自分の感情が揺さぶられなければ、もう少し対応しやすいでしょうね。

南野

それに、相手も怒っているから、相手がなにを求めているのかがみえにくくなっているのかもしれません。

木村

そうですね。
相手の怒りを受け止めるのでなく、相手の怒りでみえにくくなっている、介護に対する要望をしっかり受け止められたら、対応のヒントがみつかると思いますよ。

解決の糸口 ·····▶ 他人の怒りから身を守る

解説

　クレームを楽しみに待っているという人は、ほとんどいないでしょう。リーダーになると、クレームのなかでも困難な状況への対応を迫られることが増えてきます。その内容も一様に決まったものではないため、高度な対応を求められます。それに加えて、相手の怒りの感情が絡んで、さらに対応をむずかしくします。

　怒った相手への対応では、時に自分の人格を否定されたように感じたり、脅威を感じたりして、疲弊してしまいます。南野さんが悩んでいるように、大きなストレスになってしまうこともあるでしょう。また、西川さんのように、怒った相手に対応しながら、自分の怒りが焚きつけられてしまう人もいるでしょう。自分が働く法人やチームに誇りを持っているのに、相手が職場や大切な仲間を批判するような言動を聞かされると、反論したくなる気持ちになることもあります。

　両者とも、相手の怒りによって自分の感情が揺さぶられて、冷静さを保ちにくい状況になっているといえます。そこはなんとか自分の冷静さを保った上で、相手の感情と要望を整理して、訴えの内容に対応していきましょう。

　利用者や家族からの要望には、介護の提供に関する重要な課題が含まれているかもしれません。また、クレームについても、不安や怒りの対処と同様に、先回りして対策できることがあります。クレームにならないようなケアを提供できるよう、日頃からスタッフを教育することも、一つの対策となります。これまでにクレーム対応をしてきた先輩のリーダーや管理職の話を聞いてみることも、役立つと思います。

■ 真摯に受け止め上手に流そう

　相手の言動や考えを変えるのはとてもむずかしいことです。しかし、相手が爆発させている怒りを全身で受け止め続けると、疲弊します。

　まず、第一に優先するのは、自分を守ることです。相手に対して萎縮したり、感情的になったりせず、冷静さを維持できれば、落ち着いて対応できます。相手に対して、真摯に受け止める姿勢を示しつつ、自分の冷静さを保つために、心のなかでは自分を守るためのテクニックを使います。例えば、「私は対応できる」「私はこの場を収められる」など、心のなかで自分を励ます言葉を唱えてみます。また、想像力を働かせて、「怒りの炎を吹きつけてくる相手に対して自分が身を守る盾を持っている」、「自分のまわりに相手の暴言や攻撃を跳ね返すバリアがあって自分が守られている」様子をイメージしてみましょう。

　第三者が見ているように、相手の言動や自分の対応を心のなかで実況中継してみるのも、少し客観的に状況を把握できる方法かもしれません。自分が客観的に状況を判断して、もし自分やスタッフに身の危険が及ぶような威嚇や暴力行為があれば、警察を呼ぶなど、最悪の状況を想定した危機管理も自分を守る手段になります。

　怒りは二次感情です（第1章3参照）。怒りの性質を理解し、怒っている相手の一次感情を推察することで、対応のヒントを得られる可能性があります。クレームの背後には、利用者や家族の不安や期待、あるいは親子関係などに関連して、なにか別の感情が隠れているかもしれません。クレームの内容だけでなく、相手の怒りの背後にある別の感情に対応することで、クレームを収められる場合もあります。

　クレームが繰り返される場合は、相手の怒りのパターンを知ることも、対策の手がかりになります。どんな状況の時に怒るのか、時間や場所などを分析して、パターンをつかみましょう。

認知症の利用者の暴力や暴言、仕方がないの？

悩み事 利用者からの暴力や暴言が辛いです。
認知症だから仕方がないと思っても傷つくし、いつか手を
あげてしまいそうです。

 認知症の利用者さんの暴力や暴言は、介護職の大きなストレス
になりますよね。
東山

 認知症だとわかっていても、手加減せずに殴りかかられたり、
つねられたり、ひっかかれたりして、あざができたスタッフも
西川 います。

 介護の仕事を始めて間もない頃に利用者さんからの暴言を受け
て、そのあとに上司から「認知症なのだから仕方ない」と言わ
北原 れました。介護の仕事は暴力を我慢しなければならないのかと
疑問に思いました。

南野　新人の頃よりも対応には慣れましたが、スタッフに対応できないと言われてしまえば、無理に対応させるわけにもいかず、対応を交代したりして、どうして私ばかりが対応しなければならないのかと嫌になることもあります。

西川　暴力が発生してから対応しようとすると、お互いに安全が脅かされてしまうので、暴力に至らないようにできればよいのでしょうが、なかなかむずかしいです。

南野　認知症による暴力は仕方のないこと、それも仕事のうちと思われているのか、スタッフが大事にされていないように感じることもあります。

北原　実際に手加減なしに暴力を振るわれたり、暴言を吐かれたりしたら、冷静ではいられないこともあります。いつかこちらが手をあげてしまうこともあるのではないかと怖くなることもあります。

西川　暴力を受けることは仕事のうちで、一度でも手をあげたらそれは虐待になってしまう。

木村　暴力からスタッフが守られることは、離職防止のためにも、重要な課題です。
どうして認知症の人は暴力の問題が上がってくるのでしょうか。
その人が体験している世界はどんな感じでしょうか。

南野 認知症になると、これまでできていたことができなくなったり、忘れてしまったりして、不安でしょうね。

北原 混乱してしまうから攻撃的になってしまうこともある。

木村 暴力に至る背景には、その人が脅かされたと感じているという場合があります。

西川 確かに、本人は相手を傷つけたいと思って暴力に及ぶわけではないですよね。混乱して怖いと感じていたりしているのでしょうね。

木村 それにスタッフの対応によっては自尊心を傷つけられているのかもしれません。

南野 そうなんですよね。先日、若いスタッフが、「さっきも同じ話聞きましたよ！」と言ってしまって、利用者さんが悲しそうな表情をしていたことがありました。

東山 認知症の方の特性を理解しておくことが大切ですね。
私も、忙しいときは、つい、利用者さんに早口でまくしたててしまうことがありますが、一度に多くの事を伝えると混乱してしまい、しまった、と反省することがあります。

北原 認知症の症状で何度も同じことを聞かれたりすると、面倒だと感じたり、イライラしてしまう気持ちはわかるんですけどね…。
でも、それが利用者さんを混乱させたり、自尊心を傷つけたりしてしまうことがある。

西川　暴力の背景を注意深くみなくてはいけませんね。

北原　なるべく利用者さんのペースに合わせて話をして、同じ話をされても、利用者さんの思いを探って共感することが大切なんでしょうね。

木村　介護の現場で、暴力を完全になくすことはできないかもしれませんが、私たちのかかわり方を変えることで、穏やかに過ごせる時間を増やすことができます。

> **解決の糸口** ┈┈▶ **認知症の症状を理解し、よく観察する**

解説

　認知症の人の暴力をどのようにアセスメントし、どう対応すればよいでしょうか。まず、どのような状況のときに暴力が出るのかを知る必要があります。観察していくと暴力の原因となる出来事や本人なりの理由が見えてくることがあります。

　例えば入浴介助の場面で、状況判断ができない状況で、知らない人がきて突然服を脱がされそうになったと思えば、本人にとっては恐怖です。また、身体的な不調や不快感をうまく表現できずに手をあげることで自分を守ろうとすることもあります。ところが、暴力をふるわれるとスタッフも脅かされます。そこで「やめて」と大きな声をあげたり、利用者を抑えつけたりすると利用者をさらに脅かしてしまいます。

　暴力は適切な表現方法とはいえませんが、認知症の症状を理解した上で行動を捉えると、スタッフ側の不適切な対応を防ぐことができるでしょう。

　しかし、認知症の症状だとわかっていても暴力に脅かされ傷つくスタッフの感情もまた抑えるのはむずかしいものです。自分の対応が至らなかったと自分を責めてしまう人もいますが、一人で抱え込むだけでは解決できないこともあります。組織としてスタッフの安全を守る工夫が求められます。

（参考）
大庭輝、佐藤眞一『認知症plusコミュニケーション　怒らない・否定しない・共感する』日本看護協会出版会、2021年、38〜54頁
遠藤英俊『よくわかる認知症Q＆A知っておきたい最新医療とやさしい介護のコツ』中央法規出版、2012年、104〜105頁

■ 嫌がることは無理強いしない

　忙しい介護の仕事のなかでは、時間に追われてやらなければならないことがあります。しかし、声を荒らげ、力任せにすすめようとすると、利用者を脅かし、それが暴力として表現されることもあります。

　高齢者や認知症を持つ人の視点からは、スタッフがどのように見え、どのように聞こえているのか、当事者の世界を推察してみてください。

　介護するスタッフが気持ちに余裕を持って対応することが大切です。穏やかな口調を心がけ、嫌がることは無理強いしない、本人の意思や希望を確認しながら進めましょう。不快なことは手短に、羞恥心への配慮など介護の基本的な姿勢を意識しましょう。

利用者の家族からの個人的な執拗な誘いにイライラ

悩み事 利用者の家族が、特定のスタッフのプライベートの連絡先をしつこく聞いてくるので困っています。

南野 利用者さんのご家族との個人的な連絡先の交換など、プライベートにかかわるお付き合いは固くお断りするように指導しているのですが、特定のスタッフにしつこく連絡先をたずねてくる家族がいて困っています。

東山 若いスタッフがしつこく誘われて困ることがありますよね。

南野 そのご家族の対応にイライラしている様子で、聞いてみたら実は悩んでいたみたいです。
そのスタッフもはじめのうちは「ご家族も心配だろう」「悪気があるわけではないから」と思って、優しくしていたようなのですが、いよいよ断りきれなくなってしまったようです。

北原　隙をみせていたのではないですか？

南野　本人もそんなつもりはないのですよ。家族だから冷たくするわけにもいかないし、むずかしいのです。

西川　家族のことを相談するというのは、深い話になることもありますしね。

南野　利用者さんのご家族から好意を寄せられて、それだけで終わればよいですが、なにかトラブルになるのも避けたいですよね。

東山　エスカレートしてスタッフが怖い思いをすることもあると聞きます。訪問介護などで利用者の自宅にうかがう支援の場合は、悪質なセクシュアルハラスメントもあるようですよ。

西川　安易にSNSなどの交換をして、あとから断るのはむずかしいし、関係がこじれてしまいますよね。

北原　最近はSNSで個人情報を探られて、スタッフのプライベートがチェックされたり、自宅を割り出されたりすることもあるそうですよ。

東山　連絡先の交換を断っても、個人情報が晒されてしまう場合もあるということですか。

木村　スタッフを守るためのリスクマネジメントを考えなければいけませんね。
個人情報の管理について、スタッフを教育することも施設全体の課題として取り組まなければなりません。

> 解決の糸口 ⋯⋯> ## スタッフを守る

解説

　イライラした様子の背後にはなにか不具合が隠れている可能性があります。家族は自覚がなかったとしても、スタッフが不快に感じていることは、カスタマーハラスメントやセクシュアルハラスメントとなっている場合もあります。利用者家族としては、好意を寄せているだけでハラスメントをしているという自覚がないと同時に、スタッフのほうもハラスメントを受けていると気づいていない場合もあります。スタッフが自身の対応を自責的に感じているかもしれません。あるいは嫌だと感じても、自分の感情をうまく表現できない場合もあります。事態がこじれてさらに相談を切り出しにくくなってしまうことも危惧されます。

　介護職の調査では、約３割が仕事上で利用者やその家族からセクシュアルハラスメントを受けたことがあると回答しています[1]。加齢により認知機能が低下したり、理性が効かなくなってスタッフの身体を触ったり、性的な言動をするようになるケースもあり、対応が必要です。

　家族についても、断りにくい立場につけ込んでスタッフの意に反した誘い掛けをすることはハラスメントです。いつの間にかこじれて、スタッフが身の危険を感じるような事態になることも想定されます。不快に感じるという自身の反応を押し込めてしまうことなく、相談できる職場環境を作りましょう。

（参考）
　1）日本介護クラフトユニオン「ご利用者・ご家族からのハラスメントに関するアンケート　調査結果報告書」（2018年4月～5月実施）

■ スタッフの味方でいる

　スタッフから相談された、あるいはスタッフが困っている様子を察知したら、リーダーとしてどのように対応したらよいでしょうか。

　怒っていたり不満を言ったりしているのが、本人なりに自分のメンタルヘルスを保つための防衛反応になっている場合もあります。利用者の家族と健全な関係を保てない状況にスタッフは悩んでいます。基本姿勢として、困っているスタッフの味方でいてください。スタッフが求めていることに応じて助けましょう。

　スタッフが去勢をはっているとしても、怒っている様子のスタッフには指導的な対応をしてしまう場合があります。「適切な距離を取らなくてはいけない」「スタッフが隙をみせていたのではないか」などと言われて、さらに追い込まれてしまうという事例もあります。指導しているほうに悪気はないのですが、さらに傷ついてしまい、二次的な被害となることもあります。

　リーダーとして対応できること、またさらに責任者に対応を依頼することを整理しましょう。対応するスタッフを変更するなど、チーム内で対応できることを調整することはリーダーの役割です。

　悪質な行為に発展する場合は、サービス提供を停止するなど組織としての判断も必要です。介護を必要とする本人に不利益が生じないように、またスタッフが安心して働くことができるように、ハラスメント行為への対応について施設の方針をあらかじめ周知し、本人や家族に示すことが大切です。

事例

利用者の尊厳を軽んじる行為は許さない

悩み事 レクリエーションで、複数のスタッフがノリで利用者にいたずらして楽しんでいました。
利用者の尊厳を軽んじる行為は許せません！

北原 先日、またスタッフを叱ってしまいました。でも、許せないものは許せないので、今回はパワハラといわれてもかまいません。

木村 いったいなにがあったのですか？

北原 認知症のある利用者さんで、手がかからないというか、いつも静かにニコニコして、同じ場所で車イスに座って過ごしている人がいるんです。
先日、ホールで季節の飾りつけをつくるレクリエーションがあって、紙を飾りの形に切ったり、色を塗ったり、テープで貼ったりしていました。

楽しそうですね。

その利用者さんは、ニコニコしながら作業の様子を見ていました。ふと見ると顔に丸く切った黒の折り紙が付いていて、大きなホクロのようになっているのです。本人がわかっていないのをいいことに、スタッフが利用者の顔に折り紙を貼りつけたようなのです。悪ふざけが過ぎます！

それは、介護職としてあってはならないことですね。

それで、言わずにいられなくて、そのスタッフを叱ったのです。でも、今回は許せないし、言ったことを後悔もしていません。

それは、怒る必要があることで、後悔しない怒りだったのですね。

利用者の尊厳を軽んじた、あざけりやからかいは虐待だと思います。
これを許したら、虐待を許容することになってしまいます。

虐待というと、身体的な虐待を考えてしまいますが、それは心理的な虐待行為ですね。

例えば、レクリエーションで、紙の首飾りをつけたりして場を盛り上げようとすることがありますが、すべての利用者さんが喜んでいるわけではないのかもしれません。子ども扱いされたと感じる人もいるのかもしれない。
そういうことを、見逃してはいけないと思います。

木村

スタッフも悪気はなかったのでしょうが、今回の出来事は、重要な問題を含んでいると思います。

北原

とかく、要望を言ってくる人や手のかかる人に意識が行きがちですが、自分から訴えてこない人にどうかかわるか、常に考えていく必要があります。ここには、倫理的な課題もあります。

南野

忙しくて「あとで」と言って、そのまま訴えてこない利用者は後回しになってしまうことがあります。

北原

本来は、利用者一人ひとりへ配慮が必要なのに、いつの間にか業務の効率が優先されてしまうこともあります。

南野

誰かが悪いというだけでは片付けられなくて、職場の雰囲気や慣習などによって、利用者の人権を尊重できていないことに、気づけなくなる危険性もありますね。

木村

私たちは、勤務が長くなるにつれて、業務や職場の独自のルールに慣れて、倫理的な課題に疑問を持たなくなってしまう場合があります。
ですから、倫理的な感性が鈍くならないように意識を保つことや、重要な局面でしっかり発言できることが求められますね。

南野

そうですね。
それから、今回の北原さんのように、ダメなことはダメとはっきり言えるリーダーは頼もしいです。私も見習いたいです。

解決の糸口 ⋯⋯▶ 時には本気で怒ることも必要である

解説

　反射的な言動で、誰かを傷つけたりするのはいけませんが、理由を
うんぬん並べる前に「これはダメ！」と本気で怒る場面があってもよ
いと思います。

　北原さんが目にしたスタッフの対応は不適切ですが、作業ができな
い利用者にも参加してほしいと思ったのかもしれないし、その場を盛
り上げようという気持ちがあったのかもしれません。

　レクリエーションの場面で、紙の首飾りや帽子、メダルなどの小物
で利用者が楽しめる場合もあります。その一方で、人によっては、大
人をバカにしていると思うかもしれませんし、接遇、安全、衛生面な
ど、また違う視点で考える人もいるかもしれません。

　特に高齢者に対する虐待の問題を考えると、身体的な虐待でケガや
あざなど、誰が見ても虐待だと認めるような明白な事象ばかりでなく、
スタッフにとって悪気のない行為が、利用者を傷つけている場合もあ
ります。その場にいて、楽しい場面と思ったスタッフもいれば、なか
には倫理的な問題を感じても言い出せず、悶々とした思いのスタッフ
もいたかもしれません。

　一時的に気まずい思いをしても、利用者の尊厳を傷つける行為や危
険な場面を見てなにも言えないリーダーよりも、いざというときに「ダ
メなものはダメ！」とはっきり言えるリーダーは、頼もしいと思いま
す。

■ 怒る基準を明確に示そう

　怒った時に、周囲の反感を買って嫌われる人もいれば、嫌われない人もいます。この違いを分ける要因はいくつかありますが、その一例として、怒る基準が明確に示されているということがあります。明確な基準があれば、怒られた方も納得できます。

　ここで、怒る基準を考えてみましょう。人が怒るのは、自分が持っている価値観と目の前の現実とのギャップに由来します。介護職であれば、介護観と言い換えてもよいでしょう。この価値観・介護観は、人それぞれに異なります。

　目の前の出来事が、自分の価値観と一致していれば、それは心地よく怒りを生じません。反対に、それが許せない状況であれば、人は怒ります。そして、私たちは、自分の価値観とは違うけれど、怒るほどでもないという範囲を持っています。

　怒るほどでもないという範囲を広く取っていると、ささいなことに怒らずにすみます。しかし、気分で怒ったり怒らなかったりしないようにすることも、上手に怒るために必要です。ここでいう怒る基準は、自分の価値観と異なっても怒るほどでもないことと、許せないこととの線引きです。北原さんの例では、利用者の顔にいたずらすることは、利用者の尊厳を軽んじた行為であり、それは許されないということです。

　自分が怒る基準を明確にして、周囲の人に伝えていくと、互いが大事にしていることを理解できます。この基準は、言葉で表現できるように、また事あるごとに伝えていくように心がけましょう。虐待防止については、チームのスタッフでどこからが虐待だと考えるのかを話し合ってみるのも、よいのではないでしょうか。

まとめ　**介護実践**

　介護サービスの利用者は、食事、排泄、入浴、その他、これまで自分でできたことができなくなっています。そこで、これまでの生活により近い形で暮らせるように、必要な手助けをするのが介護の仕事です。介護を要する人々の尊厳を保持することが、介護保険法に定められています。介護を提供するすべての要介護者の尊厳を守るという点は、介護職として外してはならない前提の基準といえます。

　そもそも、利用者の生活スタイルは一人ひとり異なります。例えば、入浴で、湯船にゆっくり浸かりたい人もいれば、もともと烏の行水だった人もいるのに、介護サービスの利用者になると、自分のペースで入浴することができなくなります。濡れたタオルで顔や耳をこすりたいのに、タオルを湯船につけることが禁止されたりします。こうした利用者の思いにもできるだけ寄り添っていくことが、求められます。

　その上で、介護職にも一人ひとり異なる介護観があります。介護実践の場面においては、この多様な価値観や介護観、優先度によって、意見の食い違いや対立が生じることがあります。また、介護観は経験を重ねることによって変化していきます。介護の仕事に就いて初めの頃は、うまくいかないことに悩み、試行錯誤しながら自分で勉強し、先輩に教わり、かかわり方の工夫を重ねてきたのではないでしょうか。それがいつの間にか身に付いて、自然にできるようになっているのでしょう。自分では難なくこなせることを新人のスタッフができないと、イライラするかもしれませんが、それはあなたの成長の証であると捉えることもできるのです。

　こうしたことを踏まえて、利用者の希望や価値観を尊重しながら、介護職の介護観との折り合いをつけていくことが求められます。

第 **3** 章

活気あるチームをつくるための
リーダーの役割

本書では、介護職のリーダー層を想定した事例を取り上げています。リーダーがイライラ・モヤモヤとした悩みを解決するためのヒントになればと考えています。

　しかし、リーダーは、自身の感情をマネジメントするだけにとどまらず、組織のなかでもっと多様な役割を期待されているのも事実です。組織から期待される役割も一人ひとり異なると思いますが、それを説明されている人は、そう多くはないのではないでしょうか。

　ここまで、職場でよくある問題に直面した時に、不要な怒りをコントロールして適切に対処するために、アンガーマネジメントを用いた考え方や対応方法を紹介してきました。

　第3章では、チームを活性化し、スタッフがいきいきと働ける職場をつくっていくために、介護リーダーがどのような役割を担っていけばよいかについて、考えてみたいと思います。

　安定した感情を保つための健康管理、スタッフや自身のメンタルヘルスケアや、リーダーとしての介護観などの面から、みていきましょう。

1　安定した感情を保つための健康管理

📝 日々の健康管理

東山　これまでは、毎日怒ってばかりでしたが、不要な怒りに振り回されなくなって、最近は体調もよくなりました。
疲れやすくて、身体に不調をきたすのは、年齢のせいだと諦めていましたが、気持ちが軽やかだと身体も軽くなるような気がします。

西川　私も、カッとなって怒ると血圧が上がるような気がして、健康に悪いと思っていました。怒り過ぎて病気になったら、取り返しがつかないので、怒り過ぎないようにしようと思います。

木村　身体と心は、お互いに影響し合うといわれますから、心の安定は身体の安定につながりますね。
反対に、疲れたり身体の調子が悪かったりすると怒りっぽくなるという面もあるので、心の安定を保つためには健康管理も重要です。

東山　ムダに怒らないことで、身体の調子がよくなったと感じましたが、健康に過ごすことが、心の安定を保つためにも役立つということですね。

南野

私は、イライラを引きずらないように練習しています。
イライラした時に、その出来事が頭から離れなくなってしまうのですが、そんな時は目の前のなにか一つに集中することがいいみたいです。
最近、おいしい紅茶を買って、味わって楽しんでいます。

木村

気持ちを落ち着けることが上手になったのですね。
目の前のことに集中するという意味では、食事をしながらメールをみたり、テレビをみたりと「ながら食い」をしている人は、食べることだけに集中してみると、食べ物の味をしっかり感じられるようになりますよ。

南野

他には、睡眠を大事にしています。日中の嫌な出来事を思い出して寝つけなくなると悪循環なので、気持ちよく眠れるように、ストレッチをしたり、アロマを使ったりしています。

木村

眠る時に余計な刺激をなくすことも、睡眠の質を上げることにつながります。ベッドに入ってからスマートフォンをいじったりしないで、ゆっくり呼吸を整えましょう。

東山

交代勤務では、睡眠が不規則になりがちですから、しっかり眠ることは大事ですよね。

休みの日にスポーツしたり、旅行に出かけたりして、仕事のことを忘れる時間もリフレッシュになると思います。
ワーク・ライフ・バランスが大事だと思います。

仕事と関係のない友人に会ったりして、仕事から解放される時間をつくると、仕事のやる気も高まります。

でも、家事や育児や、子どもの学校行事、家族の介護など、仕事から離れても忙しくて、旅行や趣味の時間をなかなか取れない時期もありますよね。

そんな時は、短時間でできるようなリフレッシュやリラックスが大切だと思います。
少しだけ奮発して美味しいお菓子を買うとか、私は自分にご褒美があると頑張れるような気がします。

睡眠リズムや食事、運動など基本的な生活習慣を整えることは、仕事の上でも大切ですし、怒りにくくなるという点でも効果があると思いますよ。

チームのスタッフのためにも、リーダーが心身ともに健康で、いきいきと働き続けたいです。

木村

心身の健康のために、さまざまな工夫をされていますね。
好きなことや普段から意識せずにやっていることを、言葉にし
て、意識して生活に取り入れるというのが大切です。

（1）　心と身体の健康管理

　不安や悩み、ストレスを抱えていると、イライラしやすくなります。また、普段からイライラしていると、メンタルヘルスに不調をきたしたり、身体の健康を害したりすることもあります。

　カッとなって「血圧が上がる」と言ったり、怒りで「腹の虫が収まらない」と言ったりするように、怒りによって身体に変化があることは、昔から知られています。心身相関といわれるように、心と身体は影響しあっているので、心と身体の両方を健康に保つことが大切です。

　介護の仕事は、体力的な負担がかかる職種の一つといわれています。交代制の勤務の場合は、睡眠や食事などの生活リズムが不規則になりがちです。なかなか疲労を回復できない、慢性的な睡眠不足であるといった悩みを抱えている人も、いるかもしれません。

　また、心の健康を保つことも大切です。職場のリーダーは、チームをまとめる役割や、勤務管理、会議など役割が増え、心労も増えてきます。ストレスの原因は一つとは限らず、多くの場合、複数の要因が重なり合っています。それが溜まってくると、気持ちに余裕がなくなり、イライラしやすくなる場合があります。

　ストレスが高い状態であれば、怒りへの対処と併せて、ストレスへの対処が有効です。ストレス対処の原則は、自分のストレスの状態、ストレス反応への気づきと、その対処行動です。あらかじめ気分転換のメニューを増やしておき、日々の生活に取り入れていきましょう。普段から実践している気分転換を、思い出してみてください。

　心身の疲労やストレスは、多くの人に共通した課題でしょう。リーダーがいきいきと働いている姿は、メンバーにとっても励みになります。イライラや不満などの感情に支配されず、気持ちよく過ごせるように、日常のなかで簡単にできる、自分にあった対処法を探してみてください。

（2）　心を落ち着かせる身体の快刺激

　怒りを感じる時や高ストレスの時は、落ち着いた場所で呼吸を整える呼吸法で、リラクセーション効果を得る方法を試してみるとよいでしょう。呼吸に意識を集中して、ゆっくりとした呼吸を繰り返すことで、心身の緊張がゆるみ、気持ちを落ち着かせる効果が期待できます。

　ゆっくりと口から息を吐きます。吐き切ったら鼻から吸い込みます。ゆっくりと数を数えて、吐く時間を長くするように意識しながら繰り返します。思い立った時にゆっくり３回深呼吸をしてみる、などの方法は、なんの道具もいらず、誰にでもすぐに取り組むことができます。夜寝る前に、意識してゆっくり呼吸を繰り返すようにすると、嫌な気分を流して、リラックスして眠りにつくことができるでしょう。

　緊張や不安が強い時には、お母さんが赤ちゃんを寝かしつける時に、ゆっくりトントンとリズムをとるように、肩や腕など身体の一部に触れて、自分でゆっくりトントンとリズムをとってみると、気持ちが落ち着くことがあります。

　リズム運動や身体へのリズム刺激は、ストレスを軽減し、気持ちを落ち着かせるといわれています。ウォーキングやサイクリング、ジョギングなど、一定のリズムのある有酸素運動も効果的です。楽しむという意味で、負荷のかかり過ぎない適度な運動を日常的に取り入れることも、ストレス解消に役立ちます。心身のリラックスには、ゆっくりと筋肉を伸ばすストレッチなど、身体を動かすことも効果的です。

　上質な睡眠や栄養バランスのとれた規則的な食事、そしてリズムのある有酸素運動を定期的に適度な強度で取り入れることは、ストレス解消だけでなく健康にも役立ちます。ストレス対処や健康管理のためのセルフケアとして、日常生活のなかに取り入れてみてはいかがでしょうか。

（参考）
有田秀穂『脳ストレスが消える生き方』サンマーク出版、2011年

スタッフのメンタルヘルスを守る

不調への気づき

 西川
スタッフの様子をみていると、それぞれがストレスをためていたり、イライラしたりしているようで、チームのリーダーとしてなにかできることはないかと考えています。

 東山
職場は常に人手不足で、日々の勤務人数を十分に配置できないし、人間関係への気遣いもあるし、ストレスが溜まりますよね。

 南野
それに、手のかかる利用者さんに対して、認知症などの症状だとわかっていても、イライラしてしまう時もあると思います。でも、それを利用者さんにぶつけてしまえば、それは不適切なケアや虐待につながります。

 北原
ストレスを発散できずにため込んでしまったら、メンタルヘルスの不調や離職につながってしまうかもしれませんね。

 木村
リーダーとして、スタッフのメンタルヘルスを守ることは、重要な役割ですね。

 南野
他の施設で、普通に勤務していた人が突然仕事に来なくなって、そのまま退職してしまったと聞いたことがあります。

北原　介護職は、燃え尽き症候群のリスクも高いといわれます。献身的に介護しても仕事の成果がみえにくいし、真面目に働いている人ほど、身体的にも精神的にも負担が大きいかもしれません。

 東山　私たちリーダーの怒りやイライラを感じる内容が一人ひとり違うように、スタッフも、ストレスやイライラの原因や、表出の仕方も千差万別でしょうね。

 木村　ストレスはさまざまな病気や身体症状としてあらわれることもありますし、うつ病のような精神的な症状もあります。それに、身だしなみや仕事でのミスなど、行動面に変化がみられることもあります。

 西川　スタッフのストレスを見逃さずに、変化を早めに察知できるためには、日々の観察や声かけが大事ですね。

（1）　リーダーに求められるラインケア

　スタッフのストレスマネジメントは、リーダーに不可欠な役割です。スタッフに一番近いリーダーは、スタッフのストレスへの気づきと、ラインケアの初期対応を求められます。

　スタッフが高ストレス状態になっていることに気づかないと、メンタルヘルスの不調を生じて、仕事の休みが増えたり長期の休みにつながったり、あるいは離職したりしてしまうかもしれません。スタッフがメンタルヘルスの不調や身体の不調を生じることは、貴重な介護の人材を失うことにつながりかねません。

　また、スタッフのストレスのはけ口が他者に向かうと、職場でいじめやハラスメントが発生してしまいます。これが利用者に向かえば、虐待になります。ストレスが他者へのいじめや虐待としてあらわれるのは、怒りやイライラが、自分よりも弱いものに向かいやすいという性質があるためです。

　怒りやイライラとストレスとは密接な関係にあり、スタッフの労務管理やメンタルヘルスの管理において、ストレスへのケアは切り離せないものになっています。スタッフの燃え尽きや離職を防ぐためにも、ストレスのはけ口としてのいじめや虐待を防ぐためにも、スタッフへの教育として、自分の怒りとの上手なつきあい方やストレスへの対処について、知識を提供するとともに、スタッフの状態に気づいて対応するラインのケアが求められます。

（2）　スタッフをケアする

　スタッフのメンタルヘルスを守るためには、職場全体としてスタッフ一人ひとりのメンタルヘルスに関心を持つことが大切です。そのためには、スタッフ同士のコミュニケーションが影響します。特に新型コロナウイルス感染症を機に感染対策が大きく変わり、感染対策のためにスタッフ同士が雑談をする時間が減りました。業務が増えて、一層忙しくなり、時間に余裕がなくなれば心の余裕も無くなります。感染対策として休憩時間をずらしたり、黙食が求められたりしました。スタッフの息抜きの場も減りました。

　スタッフ同士の雑談のなかで介護のヒントを得ていることもあります。介護の現場ではケアの対象となる人の性格などによって、話題を広げたり、誘導するコツがあったりします。またそうした会話からスタッフの好みや私生活での出来事など、スタッフ同士を知ることもあり、仕事で助け合うこともできます。

　スタッフの事情がみえない状況で、周囲のスタッフやリーダーは、スタッフが思うように動いてくれないとイライラすることもあります。スタッフ個々に得手不得手もあり、苦手なことを一方的に指摘されるとそれがストレスとなってメンタルヘルスの不調となり休職や離職を招くこともあります。

　そうしたなかでスタッフ同士がコニュニケーションを良好に保つために、工夫している職場もあります。業務の時間内に短いミーティングを行い、報告するほどでもないけれど気になっていることを話してみましょう。相談しやすい雰囲気づくりや日頃の声かけなど、基本的な職場環境の整備もメンタルヘルスを守ることにつながります。イライラや怒りが増えてきたら、ユーモアに変えるセンスが役立ちます。

（3）　メンタルヘルス不調への対応

　ストレスに対する反応として、身体的な変化、精神的な変化、そして行動面の変化があります。ラインケアのなかでも、スタッフにとって一番身近な職場のリーダーや毎日一緒に働いている同僚は、スタッフの変化に気づきやすい場所にいます。特に、ストレス反応のなかでも行動の変化は、周囲から見て気づきやすいといえます。

　ミスが続くスタッフがいた時に、「気持ちがたるんでいる！気を引き締めてもらわないと困る！」と思うのか、「ミスが増えていて、集中力がないのは、疲れているのか、なにか悩みがあるのか、心配だな」と思うのか、スタッフの様子をどのように見立てるかによって、対応が変わります。「しっかりして」と叱咤するのか、「なにか心配ごとでもあるの？」とたずねてみるのか、対応によってその後のケアも変わります。

　仕事に集中できず、ミスが続く時に、仕事のやる気がないわけではなく、その人はストレスがある状態かもしれません。気づいたら声をかけてあげてください。もしかしたら、本人も自身の状態に気づいていない可能性もあります。

　ストレスへの対処は、気づきを促すこと、そしてケアにつなげることが、初期の対応です。声をかけて話を聞くことや、無理強いせず必要なら専門家の支援につなげることが、ストレスを抱えるスタッフへのサポートになります。

　仕事の様子がいつもと違うのはストレスへの反応として行動の変化の表れかもしれません。そんな時は、例えば「眠れているか」「食欲はあるか」「食べているか」など身体的な変化を聞いてみてください。「ちゃんと寝てください」「食べてください」とアドバイスするだけでなく、なぜ眠れないのか、なぜ食べられないのかについて確認しましょう。それを誰かに相談できているかを確認することも重要です。相談

者がいるかどうかを確認してください。もしも精神的に弱っている様子が見受けられたら、あなたが深刻な相談を受けたら、一人で抱え込まずに適切な専門家につなぐことが大切です。

　また周囲のサポートで解決できる課題が潜んでいる場合もあります。他の人にとっては思いもよらないことで悩んでいる場合もあります。当然できるだろうということができない人がいます。本人も人との違いに気づかずに他の人にできることが自分はできないと悩んでいることもあります。例えばメモを取るのが苦手、同時に複数のことができないなどで支障がある場合もあります。仕事の指示の出し方を変えるなど周囲のサポートによって、スタッフのストレスを減らし、力を発揮できる場合もあります。

　スタッフの様子をみて、どこまでを見守って、どこからは専門の支援につなぐのか、その判断に迷うときの、ひとつの指標として生活にほころびが出ているかを確認しましょう。食べる、眠るといった基本的な生活に支障が出ると、仕事に遅れる、身だしなみに気が回らなくなるなど、スタッフがいつもとなにか違うという気づきにつながります。

　下記のサイトなどで、参考になる情報が得られますので、活用してはいかがでしょうか。

＊厚生労働省『こころの耳　働く人のメンタルヘルス・ポータルサイト』

＊同「eラーニングで学ぶ「15分でわかるラインによるケア」」

3 リーダー自身の ワーク・ライフ・バランスを保つ

 それぞれのライフステージ

南野

スタッフには、イキイキと働いてほしいと思っていますが、自分自身は気持ちに余裕がなくて、リーダーとして失格だと悩むことがあります。

私は子どもがまだ幼いので、子どもの病気で急な休みや早退になってしまうことがあって、スタッフに迷惑をかけていて、肩身が狭いと感じています。

介護の仕事は好きですが、私が働いていることで子どもにも我慢をさせていて、仕事と私生活のバランスに悩んでいます。

東山

お子さんが小さい時は、仕事も生活も時間との戦いですよね。私は子どもに手がかからなくなってきたと思ったら今度は両親の介護に追われています。長く介護の仕事をしてきたのに、自分の家族を介護するのは仕事とは違って、すごくイライラして家ではつい声を荒らげてしまうこともあります。こんな私が利用者さんのご家族に指導したりしていいのかと悩みます。それに介護サービスを使いながら、自分は仕事をしている場合なのかと自問しています。

それに疲れがとれなくて、介護の仕事を続けるには、体力的にもきつくなってきたと感じています。

西川

職場では見えない生活での悩みがあるのですね。

南野　リーダーとしての仕事を十分にできないことで、スタッフに迷惑をかけて申し訳ないです。

北原　スタッフは、本当に迷惑だと思っているのですか？
僕は、困っているなら言ってほしいし頼ってほしい。そう思っているスタッフもいるのではないですか？

（1）　リーダーの役割負担

　わが国の働き方は変化し続けています。誰もがやりがいや充実感を感じながら働き、仕事上の責任を果たす一方で、子育て・介護の時間や、家庭、地域、自己啓発等にかかる個人の時間を持てる健康で豊かな生活ができるよう、社会全体で仕事と生活の双方の調和の実現を希求していくことを明示しています。

　しかし介護の現場において、特に役割を持つリーダー層は、その責任感ゆえ、仕事と私生活のバランスがとりにくくなってしまうという悩みを抱えている人も多いのではないでしょうか。それぞれのライフステージに応じて、また個別の生活環境に応じて、働き方も生活における優先順位も異なります。仕事でも私生活でも役割を担うなかで、あれもこれも完璧にこなさなければならないと考えても、それは不可能です。自分がやるほうが早い、自分がやるほうが確実だと思っても、それで自分の仕事が増えるばかりで、いずれ自分が立ち行かなくなってしまいます。思い通りにいかないことにイライラし、結果的に自分を苦しめることになります。

　個人のスマートフォンやSNSの普及により、夜間や休日などシフト上の勤務時間外でもいつでも連絡がつく状況になりました。便利になった一方で仕事と私生活の境界が見えにくく、勤務時間外にも対応を求められ、また応じてしまうという人もいるのではないでしょうか。「自分の役割としてやらなければいけない」「スタッフに迷惑をかけてはいけない」、それは本当にそうなのでしょうか。

(2)　「思い込み」に気づいて自分の枠をゆるめる

　自分がやらなければならない、と思っている仕事は、実は自分の思い込み、リーダーは「こうあるべき」自分がしがみついている「べき思考」かもしれません。「困難なケースはリーダーが対応するべき」「ミーティングの司会を担当するべき」「スタッフの手本になるべき」「家事や育児も完璧にやるべき」「弱みを見せるべきでない」…。

　実際にはすべてが思うようにはいかないので、「職場に貢献できていない」「スタッフに迷惑をかけている」「家族に我慢をさせている」「申し訳ない」と、マイナス思考に陥ってしまいます。「こうしなければいけない」というのは自分で決めているだけで、実際には他にも方法があるものです。試しに少しだけ考え方を変えてみましょう。

　リーダーとして担わなければならない役割はあります。しかし、業務の細部を見ていくと、実は自分がやらなければならないと思っているだけで、他の人に任せられる仕事もあるのではないでしょうか。リーダーが不在でも対応できるスタッフを育成する機会だ、あるいは対応できるスタッフを頼る、任せてみようと考えてみてはどうでしょう。

　自分の仕事を頼むのは、皆に迷惑をかけてしまう。それも思い込みかもしれません。誰かの役に立てるのはうれしいものです。相手は頼られたら頑張ろうと思えるものです。スタッフを育てることもリーダーの仕事と考えて、業務を任せてみてもよいのではないでしょうか。また、「迷惑をかけた」と謝るよりも「対応してくれてありがとう」「助かりました」と感謝を伝えることを意識してみましょう。

　多様な人材を受け入れながら、スタッフがいきいきと働くことができる職場をつくるためには、まずリーダー自身がいきいきと働くことです。自身のことは後回しになってしまうという人は、少し視点を変えて、自分の私生活を充実させることがよい仕事につながると考えてみてはどうでしょう。

4 多様性を受け入れる

 自分の価値観に気づく

 東山
自分が怒った場面を振り返ってみると、人との考え方の相違や、自分の介護観を見直す機会になっているように感じます。

 北原
無意識のうちに偏見になっていることもありますよね。自分の考え方と違うと、それが間違った考えだと説得しようとしたり、自分の考えに従わせようとしたりしていました。

 南野
ダイバーシティが推進されて、組織のなかで多様な人材を活かすようにと言われますが、違いを受け入れるためには、自分の考え方を自分でわかっていることが大切ですね。

 東山
多様性というのは、外国人材のスタッフや、シニア人材・セカンドキャリアといわれるようなキャリアなどだけでなく、もっと身近な人との考え方の違いや個性なども含まれるのですね。

 木村
違いを排除するのでなく、個性を活かすという考え方ができると、人にも自分にも優しく寛容になれるかもしれません。

 北原
同一労働同一賃金といわれるように、無期雇用・有期雇用で待遇に差がでないようにという考えがありますが、一方で無期雇用の職員には負担がかかることもある。回らない業務を補わな

174

くてはならないこともあるし、損な役回りだと思っていたこと
もあるのです。でも、不合理だと思うことも、その時その時に
自分で選択してきたと思えるようになったかな。

西川

人のライフステージやキャリアもひとりひとり違って、子ども
ができて働き方が変わることもあるし、子育てがひと段落した
らまた変わります。家族の介護などもそうです。あの人はこう
いう考え方・こういう働き方と決めるのでなく、スタッフの状
況の変化に柔軟に対応できるようにしていきたいです。

南野

日々の業務のなかでも、ちょっとした考え方の違いを感じるこ
とがあります。業務の効率性は大事だし、ルールを守ることも
大事。でも一方で、時には一人の利用者さんに注力したい状況
もあるし、利用者さんの個別性を大事にしたいこともあります
よね。いろんな考え方があるからよりよいケアを考えられる。

東山

いろんな意見があって、それを率直に議論できるチームをつ
くっていきたいです。

（1）　多様な価値観を認める

　時代の流れとともに介護職の働き方も多様化しています。専門の教育を受け資格を持って働く人もいますし、他の業種での経験を経て介護業界に転職する人もいます。無期雇用・有期雇用など雇用形態のほか、仕事に対する考え方も働き方も多様です。しかし、個々の考え方の違いによってスタッフの間に軋轢が生じることもあります。多様な人材が、多様な働き方を互いに尊重し合える職場をつくるために、リーダーはどうしたらよいでしょうか。

　多様性を考える上で、まず自分の考えを知る必要があります。私たちは無意識のうちに自分の経験によって価値基準がつくられています。それゆえに異質のものが受け入れ難いときがあります。それが怒りを生み、職場では不満となって表れ、異質なものを排除しようとします。無意識のうちに生じている偏見です。

　自分が大事にしている価値観を無理に変える必要はありませんが、異なる考え方にも関心を示すと視野が広がります。自分はやらないけれど、そういう人もいるのだと受け入れる柔軟性を持つことです。

　しかし、個々のスタッフからの要望をすべて調整するのは容易ではありません。一部のスタッフから「あの人ばかり優遇している」などの不満があがると、その調整に苦心します。スタッフも互いを理解し、許容範囲を広げられると不満を減らしていくことができるでしょう。

　そこにどう折り合いをつけていくかでリーダーの力が試されます。

(2)　多様な人材が力を発揮できるチームづくり

　チームをまとめるためには、自分がどのような方針で調整したいと考えているのかを明確にして、伝えていくこと、すなわち自分の価値観を明確にしていくことが大切です。またそれは一方的なものではなく、スタッフ個々の考えを尊重しスタッフも互いの背景や考えを受け入れ、歩み寄れることも大切です。

　例えば、多様な働き方があってよいという考えに賛同しても、細部では意見が異なります。家庭の事情があれば勤務を優遇して他のスタッフが協力すればよいと考える人もいれば、家庭の事情があるなら一時的に非常勤に契約を変更すればよいと考える人もいます。チームで協力すべきと思っても、子育てや介護には協力したいけれど趣味の充実のために仕事の優先度が低いと言われたら不愉快に感じるという人もいるかもしれません。細部の意見の違いを知ることで理解が深まり、よりよい方向性を導くことができるのではないでしょうか。

　業務や介護の手順などについて、新しいことを積極的に試してみたい人もいれば、慣れ親しんだやり方を変えることに抵抗のある人もいます。これまでの経緯を尊重したいと考える人もいます。自分と異なる考えが出てきた時に、まずは「なるほどそんな考えもあるのか」と一度は受け入れてみるのです。思いつきで動く人にとっては慎重に見極めて助言できる人が必要ですし、新しいことに踏み出せない人には背中を押してくれる人が必要です。

　スタッフ一人ひとりの個性が尊重され、チームとしてさらに力を発揮できるようにするために、どんな意見も否定されないことが大切です。スタッフの要望をすべてかなえることができなくても、聞き入れて検討した上で採用されなかったなら、またチームのために貢献したいと考えられます。

5　お互いに率直に意見を言い合える　チームづくり

 利用者とのかかわりにまつわるイライラ

 南野
私は、スタッフ同士で利用者さんの悪口を言っているのがとても不快だったんです。もちろん、私も利用者さんにイラッとすることはあったけど、それは自分が未熟なのだと思って、そんな自分が嫌いでした。だから、リーダーになってからも、利用者さんにイライラしたり、利用者さんを悪く言ったりするスタッフを注意していました。

 西川
スタッフと利用者さんの相性もあるし、人によっても違うから、同じ出来事でもイライラする人もいれば、大して気にならない人もいて、人それぞれですよね。

 南野
それで、他の人はどんなことにイライラするのか聞いてみたくなったんです。

 北原
それで、どんな話が出たのですか?

 南野
それはいろいろと出てきましたよ。

 東山
感情は自然にわいてくるものだし、誰しもイラっとすることがありますよね。

南野　私たちは利用者さんを選ぶこともできないし、利用者さんの性格を変えることもできないけど、スタッフ同士、お互いの怒りの特徴がわかって、フォローし合えるようになったみたいです。

木村　怒りという感情を上手に分析して、活用したのですね。スタッフがイライラするのは、本来やりたいケアができていないからで、理想と現実とのギャップが要因だということですか。

南野　はい。今回のスタッフの話から、特に朝食の時間帯に介助とコールが重なるとイライラしやすい傾向がわかったので、上司にかけ合ったら、起床から朝食までの時間帯に、早出勤務を配置してもらえることになりました。
　上司への交渉はむずかしいと思っていましたが、不満や文句でなく、客観的にスタッフからの意見をまとめて、伝えることができたと思います。私も達成感があります。

木村　スタッフが余裕を持ってケアできるようになれば、もっといきいきと働けるようになりますね。

（1）　怒りや不満にはチームをよくする鍵がある

　忙しい時間帯に何度も呼ばれたり、同じ話を繰り返し聞かされたり、介助を拒否されたりと、利用者の言動にイライラした経験のある方は多いのではないでしょうか。また、割り込み業務で自分の予定が狂ったり、施設への不満など自分には解決できない訴えを受けて無力感に襲われたりしているかもしれません。個別の内容を例示すると、「今日はあんたか…」とがっかりされた、同じ話が繰り返されるのは我慢できても自慢話は我慢できない、「男性の介助じゃなくちゃイヤ」と言われても自分の性別は変えられない、など人それぞれ感情が揺さぶられる経験をしているのだと思います。

　一方で、介護の仕事においては、時に自分の感情を制御することを求められます。しかし、自分の感情をみないようにしていると、いつの間にか自分のなかに溜まっていき、こうして感情を抑圧しながら働き続けると、燃え尽き症候群を引き起こす危険性があります。

　また、感情を適切に表現できないと、暴力や攻撃性として不適切に表出してしまう、関係のない人に向かって八つ当たりしてしまう、ということもあります。これがスタッフ同士であれば、いじめやハラスメントになりますし、利用者に向かえば虐待になる危険性があります。

　チーム内でお互いを批判しないルールのなかで、感情を吐き出す時間をつくることは、スタッフへのケアとしても、またチームの課題抽出や業務改善においても、活用できる方法なのではないでしょうか。

（2） アサーティブコミュニケーションを目指す

そこで目指したいのが、アサーティブコミュニケーション、すなわち自分も相手も大切にした自己表現です。

一緒に働き、毎日顔を合わせていても、一人ひとり価値観や介護観は異なります。ですから、自分の意見に相手が同意しないこともありますし、相手の意見に自分が賛同できないこともあります。そのような時に、すぐに自分が折れて相手に譲ったり、逆に相手を同意させようとしたりするのではなく、お互いに率直に話し合おうとする姿勢が大切です。

自分のなかにわき起こる、怒りや不満などネガティブな感情を、自分で認めて表現するのは、実はむずかしいという人もいると思います。こんなことにイライラしている自分は未熟だ、とかこんなことで怒るなんて恥ずかしいことだ、などと思うかもしれませんが、どんな感情も自分のものとして認めていけるようになるとよいでしょう。

また、仕事の上でお願いできない、あるいは依頼を断れないといった悩みを持つ人もいると思います。これも、自分の感情を添えて、率直に話してみる練習をしてみましょう。自分の感情を言葉にしてみる、相手にリクエストする形で伝えてみる、相手の反応を受け止めてみるなど、コミュニケーションは、練習すれば上達します。

（参考）
平木典子『改訂版 アサーション・トレーニングーさわやかな〈自己表現〉のためにー』日本・精神技術研究所、2009年

6 自分が目指すリーダー像を描く

リーダーとしての価値観や介護観

木村

みなさんは、怒りやイライラにまつわる課題を話し合うなかで、自分の価値観や介護観を明確にしてきました。

ここで、どんな介護をしていきたいか、どんなチームをつくっていきたいか、確認してみましょう。

東山

私は、怒ってばかりで、どんなチームをつくりたいのかをスタッフに伝えていなかったと思います。

介護の仕事が好きだし、スタッフにも、介護という仕事の魅力を知ってほしいと思っています。

(東山さんの目標)

● 介護の魅力を知ってほしい

木村

それは素晴らしいですね。では、介護の魅力を知ってもらうために、東山さんはなにをしますか？

東山

スタッフに、私の経験を伝えていきたいです。それに、私は利用者さんたちとかかわる時間を大事にしたいので、若手のスタッフには、実際の介護実践をみせていきたいと思います。

(東山さんのはじめの一歩)

● 経験や介護の魅力を伝えていく

私は、利用者さんの希望も尊重したいし、家族への支援も大切にしたいということが明確になりました。

西川

西川さんの目標

- 家族の介護負担を軽減したい

家族の訴えをクレームと言って、対応したがらないスタッフもいるのですが、チームのみんなで家族へのケアをもっと充実できるようなアイデアを出したいです。
まずは、家族がなにに困っているのかを聞くために、家族相談会を開催したいと思います。

西川

西川さんのはじめの一歩

- 家族への相談会を企画する！

私はスタッフが協力して仕事ができるように、チームワークを大事にしていきたいと思いました。

南野

南野さんの目標

- チームワークのよい職場にしたい

まだ自信はないですが、スタッフに協力してもらいながら、チームのみんなで、質の高い介護サービスを提供していきたいと考えるようになりました。

南野

南野さんのはじめの一歩

- スタッフの協力を得る

僕は、利用者の尊厳を守ることは譲れないので、目標の一つは虐待防止の徹底です。

（北原さんの目標①）

- 虐待防止・利用者の尊厳を守る

まずは、チームで虐待防止の勉強会を行います。

（北原さんのはじめの一歩①）

- 虐待防止勉強会を開催する

それから、目標はもう一つ、離職者ゼロのチームをつくることです。

（北原さんの目標②）

- スタッフの離職ゼロ

あれ？　ついこの間まで、使えないスタッフはクビにしろと言っていたのに？？

人にはいつでも意見を変える権利があるのですよ。
間違えることもあるし、それでも挽回できるのですよ。

みなさんの話を聞いて、チームをつくるという価値観が変わりました。それで、スタッフが離職しないようにサポートするのと同時に、スタッフのキャリアアップを応援したいと思っています。

（北原さんのはじめの一歩②）

- スタッフのキャリアアップを応援する

木村

みなさんがどんなチームをつくりたいのか、明確になってきま
したね。目指すゴールが明確だと、目の前の困難にも屈せず、
不要な怒りに振り回されずに、進んでいくことができると思い
ますよ。

（1）　ビジョンを明確に

　みなさんは、どんな介護リーダーを目指していますか。みなさんの職場には、法人や施設の理念があると思います。組織の理念は、組織の一員として働く上での大前提になると思います。ここでは、さらに一歩踏み込んで、みなさんにとっての、具体的な行動指針を持つための未来のイメージを考えてみてください。

　事例を通して、一人ひとり価値観や介護観が異なること、そして、状況や場面によって大事にしている価値観や介護観がたくさんあることが、みえてきたと思います。

　そこで、介護の実践者として、自分が大事にしたい介護観、チームのリーダーとしてどんなチームを築きたいのかというリーダー観や求められる役割、そして自分がどんなリーダーになりたいかというリーダー像を、具体的に描いてみましょう。

　次頁の表はほんの一例です。人の価値観や優先順位は一人ひとり異なりますから、自分にとってなにが大事なのかは、自分にしかわかりません。人の意見を聞いて、自分は違うと思った時、スタッフのケアの場面を見て苛立ったり注意したくなったりした時は、きっと自分が大事にしている価値観と異なる現実がみえているのです。そして、この時が自分の価値観を確認するチャンスです。

介護リーダーのビジョンの一例

介護実践で大事にしたいこと

- 利用者の安全を守りたい
- 利用者にとって安楽な環境を提供したい
- 利用者の希望を尊重したい
- 食事は本人の好みやペースを尊重したい
- 利用者の残された能力やセルフケアを維持したい
- 家族の負担を減らしたい

こんなチームをつくりたい

- 声をかけ合える
- 楽しく働ける
- 誰もが意見を言える
- 仕事の効率性を上げる
- 組織の経済性を意識して仕事をする
- インシデントが1か月に30件報告される
  （多く報告されるほど大きな事故を防ぐことにつながります。）
- 定時に業務が終わる

こんなリーダーになりたい

- ダメなものはダメと言える
- 月に一度はスタッフ全員と話す時間を持つ
- カンファレンスの時間を持つ
- スタッフが有給休暇を消化できるような勤務表をつくる
- 年間3回は外部の研修を受けて自己研鑽する
- 介護実践（ケア）の手本になる

(2)　なりたい自分になるための計画を立てる

　なりたい自分の姿をイメージできたら、計画を立てましょう。最初になにをするのか、いつまでに達成するのかなど、日にちと具体的な内容を書き出します。ゴールに向かって、時間の経過に沿って計画を書きます。今日やること、1週間後、数か月後、1年後、目標が達成される時を設定します。

　また、途中で想定される困難やその時期も考えます。業務が忙しい時期もあるし、時には挫折しそうになるかもしれません。それも想定して書いておきます。

　自分の目指す方向が定まると、誰かに責任転嫁したり、簡単に諦めたり、不要な怒りに振り回されたりせずに、問題や課題に挑めるようになります。

　なりたいリーダー、目標を達成した自分をイメージしてみてください。どんなチームで、どんなスタッフに囲まれていますか？

　未来の自分をイメージできたら、さあ、さっそく動き出しましょう。

　あなたが目標を定め、アンガーマネジメントの手法も活用しながら、そのゴールに向かって前進し、そして素晴らしいチームをつくり上げることを、応援しています。

（参考）
田辺有理子「自分の感情と上手に向き合おう　アンガーマネジメントのすすめ　なりたい自分を描く」『おはよう21』2016年12月号（第27巻第14号）、中央法規出版、46〜47頁

参考文献

有田秀穂『脳ストレスが消える生き方』サンマーク出版、2011年

安藤俊介『アンガーマネジメント 叱り方の教科書』総合科学出版、2017年

安藤俊介『アンガーマネジメント入門』朝日新聞出版、2016年

安藤俊介・デューク更家『アンガーマネジメント×怒らない体操　たった6秒で怒りを消す技術』集英社、2016年

遠藤英俊『よくわかる認知症Q＆A知っておきたい最新医療とやさしい介護のコツ』中央法規出版、2012年、104〜105頁

大庭輝、佐藤眞一『認知症plusコミュニケーション　怒らない・否定しない・共感する』日本看護協会出版会、2021年、38〜54頁

田辺有理子「医療安全管理者のためのアンガーマネジメント」『隔月刊　病院安全教育』2017年4・5月号〜10・11月号、日総研出版

田辺有理子「ストレスとは何かを知り「気づき」を確かに得られる環境を整える」『看護』2017年6月号 (Vol. 69, No. 7)、日本看護協会出版会、79〜82頁

田辺有理子「自分の感情と上手に向き合おう　アンガーマネジメントのすすめ　なりたい自分を描く」『おはよう21』2016年12月号（第27巻第14号）、中央法規出版、46〜47頁

田辺有理子「医療・介護のためのアンガーマネジメント」『apital 医療・健康・介護』2017年、朝日新聞DIGITAL

戸田久実『アンガーマネジメント 怒らない伝え方』かんき出版、2015年

林田俊弘『鼻めがねという暴力 どうすれば認知症の人への虐待を止められるか』harunosora，2016年

平木典子『改訂版 アサーション・トレーニングーさわやかな〈自己表現〉のためにー』日本・精神技術研究所、2009年

守秀子「「笑う門には福来る」表情フィードバック仮説とその実験的検証」『文化学園長野専門学校研究紀要』第5号、2013年、61〜66頁

湯川進太郎『怒りの心理学 怒りとうまくつきあうための理論と方法』有斐閣、2008年

一般社団法人日本アンガーマネジメント協会『アンガーマネジメント入門講座2023年度版テキスト』2023年

厚生労働省『こころの耳　働く人のメンタルヘルス・ポータルサイト』

厚生労働省『あかるい職場応援団』

厚生労働省『令和3年　労働安全衛生調査（実態調査）』

厚生労働省『介護人材の機能とキャリアパスについて（参考資料①）』第6回社
会保障審議会福祉部会福祉人材確保専門委員会、平成28年10月5日

厚生労働省『第8期介護保険事業計画に基づく介護職員の必要数について』
2021年

厚生労働省『令和3年度高齢者虐待の防止、高齢者の養護者に対する支援等に関
する法律に基づく対応状況等に関する調査結果』2022年

公益財団法人介護労働安定センター『令和3年度「介護労働実態調査」の結果』
2022年

著者紹介

田辺 有理子（たなべ ゆりこ）
横浜市立大学医学部看護学科講師

　北里大学大学院看護学研究科修士課程修了　修士（看護学）、横浜市立大学大学院医学研究科博士後期課程単位取得満期退学　博士（医学）。看護師として大学病院勤務を経て、2006年より大学教員として看護教育に携わり、2013年より現職。看護師のストレスマネジメントのほか、医療現場の暴力・暴言の問題、看護倫理などにアンガーマネジメントを活用した研修を提供している。

　精神看護専門看護師、保健師、精神保健福祉士、公認心理師、一般社団法人日本アンガーマネジメント協会認定アンガーマネジメントファシリテーター。

　著書に、『イライラとうまく付き合う介護職になる！　アンガーマネジメントのすすめ』（中央法規出版、2016年）、『ナースのためのアンガーマネジメント　怒りに支配されない自分をつくる７つの視点』（メヂカルフレンド社、2018）、『怒った人に振り回されない自分をつくる　ナースのためのアンガーマネジメント2』（メヂカルフレンド社、2022）、安藤俊介監修、一般社団法人日本アンガーマネジメント協会アンガーマネジメントファシリテーター共同執筆『ナースのイラッ！ムカッ！ブチッ！の解消法59例』（日総研出版、2013年）、共著『精神に病をもつ人の看取り　その人らしさを支える手がかり』（精神看護出版、2021年）などがある。

サービス・インフォメーション

──── 通話無料 ────

① 商品に関するご照会・お申込みのご依頼
　　　　　TEL 0120 (203) 694／FAX 0120 (302) 640
② ご住所・ご名義等各種変更のご連絡
　　　　　TEL 0120 (203) 696／FAX 0120 (202) 974
③ 請求・お支払いに関するご照会・ご要望
　　　　　TEL 0120 (203) 695／FAX 0120 (202) 973

● フリーダイヤル（TEL）の受付時間は、土・日・祝日を除く
　9：00〜17：30です。
● FAXは24時間受け付けておりますので、あわせてご利用ください。

イライラと賢くつきあい活気ある職場をつくる
介護リーダーのためのアンガーマネジメント活用法　増補版

2023年8月30日　初版発行

著　者　　田辺　有理子

発行者　　田中　英弥

発行所　　第一法規株式会社
　　　　　〒107-8560　東京都港区南青山2-11-17
　　　　　ホームページ　https://www.daiichihoki.co.jp/

ブックデザイン　コミュニケーションアーツ株式会社

イラスト　木下淑子

印　　刷　法規書籍印刷株式会社

介護アンマネ増　ISBN978-4-474-09169-6　C2036（4）